中华日常礼仪基础教程

第一册

容　礼

张德付　编著

中华书局

图书在版编目(CIP)数据

中华日常礼仪基础教程.第一册,容礼/张德付编著. —北京:中华书局,2018.7
ISBN 978-7-101-13258-8

Ⅰ.中… Ⅱ.张… Ⅲ.礼仪-中国-中小学-教材 Ⅳ.G635.5

中国版本图书馆 CIP 数据核字(2018)第 111829 号

书 名	中华日常礼仪基础教程 第一册 容礼
编 著 者	张德付
责任编辑	祝安顺
出版发行	中华书局
	(北京市丰台区太平桥西里 38 号 100073)
	http://www.zhbc.com.cn
	E-mail:zhbc@zhbc.com.cn
印 刷	北京瑞古冠中印刷厂
版 次	2018 年 7 月北京第 1 版
	2018 年 7 月北京第 1 次印刷
规 格	开本/787×1092 毫米 1/16
	印张 6½ 字数 60 千字
印 数	1-20600 册
国际书号	ISBN 978-7-101-13258-8
定 价	18.00 元

出版说明

　　古者，八岁入小学，学小仪，履小礼。所谓小仪、小礼，是指与日常生活密切相关的洒扫、应对、进退等方面的礼仪，属于容礼的范畴。容礼的传习至东汉末年渐趋式微。南宋时，朱熹编写《小学》，正是为了弥补古小学失传的遗憾。清末民初，学制改革。当时学堂课程中设有修身一科，颇能得古小学的遗意。楼藜然编写的《修身教科书》，"以《容经》为主，专就'身'字立说，以符其名实；举切于耳目、手足、衣服、饮食之事，专主行迹，不涉理论"（楼藜然《修身教科书·凡例》，载《四川国学杂志》1912年第1期），可谓独具只眼。今天，我们从经典、史籍中将容礼内容分类编纂，作为修身的科目，正是取法朱、楼两先生，旨在为大中小学（乃至普通国民）礼仪教育提供易于理解、便于操作的文本。

　　为方便读者诸君阅读起见，仍有下列数项事宜需要略作说明。

　　本书以视、听、言、动为大纲，进而将容礼分为视容、听容、口容、言容、声容、气容、色容、立容、坐容、行容、手容、拜容、服饰之容、食仪、起居之容、乘车之容等十六个细目。鉴于言容、坐容内容相对较多，为保持各课之间的平衡，因此又分为上、下。

　　本书各课内容皆由正文、思考讨论、链接三部分组成。正文细分小节，撮举大要，以便读者诸君能够提纲挈领。思考讨论用以检验所学、拓展思维。链接则尽量选取先贤所撰相关箴言、训诫。

本书正文凡征引经传文字，为保证阅读顺畅，括注出处时，仅标举书名、篇名，如"《论语·乡党》"。征引经传，一般都忠实于原文。偶有因行文需要，对经传原文略作删省，则括注时加"参"字以示区别，如"参《礼记·曲礼上》"。

本书附有配套的测评试题，读者诸君可以据以检测自身礼仪知识水平。

重建礼乐文化生活（自序）

自古以来，礼（乐可以统摄于礼）既是中华文化的"心"（民族精神所系），又是中华文化的"身"（攸关社会制度），可以说是中华文化的全副精神与面目所在。两千多年来，作为传统中国人基本的生活样式，礼陶铸着万民的品格，培蓄着民族的元气。

上世纪六七十年代，流寓香港的唐君毅先生基于自身辗转就医的经历，会悟到中华民族传统的生活方式正在消逝，遂提出重建礼乐文化生活的主张。何谓礼乐文化生活呢？唐先生说："礼乐文化生活是指人的自然生命与日常生活本身成为文化的，而文化亦是日常生活中的，亦是属于自然生命的。"（唐君毅《东方人之礼乐的文化生活对世界人类之意义》，收入氏著《中华人文与当今世界》，台湾学生书局，1975年，第606页）也就是说，礼乐文化生活，是要将人的自然生命，通过礼乐的涵养、浸润，转化为文化的生命；将日常生活，通过礼乐的塑造、融摄，升华为文化的生活。这是何等敏锐的洞见。值得庆幸的是，世运几经浮沉，而今国势日隆，重建礼乐文化生活也到了最迫切的时刻，每个人心里都涌动着对文化生活的渴求，流淌在血液里沉睡已久的文化因子终于开始觉醒。

我们该如何重建礼乐文化生活呢？晚年的朱熹于礼学有一番大的省思。

礼乐废坏二千余年，若以大数观之，亦未为远，然已都无稽考处。后来须有一个大大底人出来，尽数拆洗一番，但未知远近在几时。今世变日下，恐必有个"硕果不食"之理。（《朱子语类》卷八十四，《朱子全书》第拾柒，上海古籍出版社、安徽教育出版社，2010年，第2876页）

虽然生于文化肇极的赵宋之世，朱熹基于儒家的理想，并不认为那是礼乐和洽的时代，他认为孔子以来的礼坏乐崩问题，还没有得到解决。朱熹预言后来者必有一番彻底整理，并指明了其方法——拆洗。礼乐有情、有文，识其文者能述，知其情者能作。拆洗就是要据文探情，推本古人制作礼乐的原理，然后秉此原理，斟酌损益，以期契于世用。因此，重建不是复古，而是创造性的再现。具体地说，对于那些适合现代生活的礼仪，我们理应加以发扬。对于那些不太适合现代生活的礼仪，我们则要谨慎地调整，使之适合现代生活，然后再加以发扬。

生活于这个时代，远离战火，乐享太平，而且正迎来中华民族的伟大复兴，我们是何等的幸运！早在九十年前，梁漱溟先生就曾预言："我觉得中国之复兴，必有待于礼乐之复兴。"（《朝话·谈音乐》，收入《梁漱溟全集》第二卷，山东人民出版社，2005年，第122页）

更幸运的是，身处历史的转折点，我们终有机会成为文化的先觉者与先行者，去开启一个文明开化的新时代。《诗》云："周虽旧邦，其命维新。"此之谓也。

目录

第一课　容礼概说

一个人怎样才能成为君子，也就是具有美德与智慧的人呢？首先就要修身。传统文化特别重视修身，认为修身是个人生命完成，乃至齐家、治国、平天下的基础。修身的重要性不言而喻。

该怎样修身呢？《中庸》里面有句话，明确给出了答案："齐（zhāi，通"斋"）明盛服，非礼勿动，所以修身也。"也就是说，最好的方法莫过于"以礼修身"。传统礼学中的容礼专为修身而设。下面，我们就先来学习容礼的基本性质及其源流。

容礼的定义

什么是容礼？容礼就是个人仪容方面的礼仪，主要包括视、听、言、动以及表情、声音、服饰等方面的内容。一个人的教养，往往从其言谈举止里就能充分体现出来。威严的长者，一个眼神就让人心生敬畏；一个有教养的人，不经意的一举一动都会十分优雅。学习了容礼，就可以让人体现出这种非凡的教养——不但"有威可畏"，而且"有仪可象"（《左传》襄公三十一年北宫文子语）。

什么是"有威可畏"呢？就是一个人具有威严，让人看到他就心生敬畏，不敢亵慢。孟子第一次拜见梁襄王，出来却对人说："望之不似人君，就之而不见所畏焉"（《孟子·梁惠王上》），把梁襄王贬得一文不值。孟子之所以这样说，是由于梁襄王丝毫没有作为君主的威严，让孟子大失所望。

什么是"有仪可象"呢？就是一个人一举手、一投足都是如此地优雅，让人一看见，就禁不住想去学他的样子。有个成语叫"亦步亦趋"，说的就是孔子缓步而行，他的弟子颜渊也跟着缓步而行；孔子快步前进，颜渊也跟着快步前进。为什么会这样？就是因为孔子的德行修养高，即便是一举手、一投足，都让颜渊心生钦慕，不自觉地要跟着学。

这就是容礼的修行所带给人的教养。

容礼与经礼

《仪礼》一书中所记载的礼仪，一般称之为经礼。经礼包括三大类，即家族礼仪、乡党礼仪、邦国礼仪。家族礼仪是指以家族为主体举行的礼仪，主要包括成人礼、婚礼、丧礼、祭礼等；乡党礼是地方政府举行的礼仪，主要有乡饮酒礼、乡射礼等；邦国礼是国家举行的礼仪，包括聘礼、觐礼等。相对于经礼来说，容礼显得不过是些小仪小节，因此又可以称为"曲礼"。《礼记》第一篇《曲礼》所记载的基本上都是容礼的内容。经礼、曲礼的条目都很多，有"经礼三百，曲礼三千"（《礼记·礼器》）之说。经礼，重在仪节流程，主要涉及学识问题；曲礼，即容礼，重在个人修养，所以更为精微。另外，在古代，"容"与"颂"两个字音同，可通用，所以容礼又可称为"颂礼"。

容礼的流传

容礼本是礼学的一门独立科目。它最早可以追溯到商周之际。当时有一个微氏家族，在武王伐纣之后，微氏先祖拜谒武王，因娴习"五十颂"（颂，即容礼。当时容礼有五十条）受封，历代掌管"威仪"（参《史墙盘》铭文。《史墙盘》是1976年陕西扶风出土的微氏家族青铜器中铭文最长的铜器，铸造于西周共王时期。其铭文记载了商末至周初微氏家族六代人的事迹）。

至春秋时代，孔子开创私学，自觉传承了本属于官学的容礼。到了汉代，传承礼学的有两大流派：一派传习《礼经》（即《仪礼》，是鲁国高堂生所传），一派传习容礼（是鲁国徐生所传）。汉代职官体系中，中央设置礼官大夫，地方设容史。容史到礼官大夫那里学习容礼，然后回到地方传授给地方官吏。古诗《陌上桑》中罗敷赞美丈夫具有礼仪修养，说："盈盈公府步，冉冉府中趋。"公府步、趋，就是当时容史传授的步法。东汉以后，容礼式微。

容礼的分类

现在，我们从经典、史籍中汇集容礼材料，取其可以适合现代生活的部分加以阐述，分为视容、听容、口容、言容、声容、气容、色容、立容、坐容、行容、手容、拜容、服饰之容、食仪、起居之容、乘车之容等十六个细目，作为学习容礼的参照。

思考讨论

传统礼仪条目繁多，大体分为经礼（也称礼经）、容礼（也称曲礼、威仪）两大类，素有"经礼三百，曲礼三千"之说。孔子曾说："礼经三百，可勉能也，威仪三千，则难也。"（《孔子家语·弟子行》）试思考，孔子为什么这样说？

链接

诗经·鄘风·相鼠

相鼠有皮，人而无仪。人而无仪，不死何为！
相鼠有齿，人而无止。人而无止，不死何俟！
相鼠有体，人而无礼。人而无礼，胡不遄死！

第二课　视容

眼睛是心灵的窗户。一个人的眼神与他的修养高下有密切的关系。孟子就说过："存乎人者，莫良于眸子，眸子不能掩其恶。胸中正，则眸子瞭（liǎo，眼珠明瞭）焉；胸中不正，则眸子眊（mào，眼睛失神）焉。"（《孟子·离娄上》）一个人内心正直，他的眼神就是清澈的；内心不正直，眼神就是浑浊的。春秋时代，宋国的大夫华督在路上邂逅了孔父（fǔ）之妻，"目逆而送之"（《左传》桓公元年），远远地就迎着人家盯着看，人家经过他身边后，还转过头去继续看，不由自主地发出一声惊叹："美而艳。"华督的好色之心，从"目逆而送之"这一举动完全暴露出来。后来，华督杀死国君，夺取孔父的妻子，都在此时埋下了伏笔。华督的视容显然是不合礼的，是违背"非礼勿视"的原则的。那么，合礼的视容应该是怎样的呢？

目容端

视容，也叫目容，就是关于看的礼仪。目容的基本要求是端正，即目容端（《礼记·玉藻》）。一般情况下，我们平视前方，或视线稍俯，就属于端正了。要做到目容端，对于睇视、淫视、眯眼视、瞪目视这几种不端的行为，应该加以避免。

1. 不睇视（《礼记·内则》）

睇（dì）视就是斜视，又称眄（miǎn）视、睨（nì）视、侧目、睥（pì）睨，都是从视线不正来给它命名的。睇视背后蕴含着傲慢、轻屑的意味。因此，从自己内心傲慢自大一面来说，睇视又可以称为傲视。从轻屑对方一面来说，又可以称为轻视、藐视。按照礼的精神，我们与人交往时，不论对方社会身份如何，都要予以充分尊重，所以不可以睇视。

2. 毋淫视（《礼记·曲礼上》）

淫视，也可称为流视，即视线流移不定。这里要特别注意，淫视不是色眯眯地看，就是说不是淫邪地看的意思。视线流移不定，说明内心躁动或别有所图。现实中，偷盗者多淫视，眼睛不时地骨碌碌乱转，寻找目标。所以，我们应该避免淫视。

3. 不眯眼视

眯眼，也就是蔑合着眼睛，使视线的范围变小。眯眼视，也就是我们通常所说的小视。小视，也属于轻视、蔑视。俗话说"门缝里看人，把人看扁了"，这里的"扁"，不是"扁圆"的"扁"，而是通"褊（biǎn）"，是"小"的意思。把人看扁了，就是把人看小了，也就是小看人了。眯目而视，就属于小看人，应该避免。

4. 不瞠目视

瞠目，也叫瞋目、怒目。一般情况下，我们的眼睛保持正常的状态就好，不可以故意瞪大眼睛看。瞠目而视，或者是受到了惊吓，或者是表示愤怒。鸿门宴上，项庄舞剑，意在沛公，沛公的卫士樊哙听说事情十分危急，就闯进去，要跟项庄拼命。《史记》描写樊哙进入后"瞋目视项王，头发上指"，完全是一副盛怒的样子。我们进入佛教寺庙，就会发现四大金刚全都是瞪大了眼睛，怒目而视。《三国演义》里，张飞在长坂坡上怒目横矛，大喝三声，吓退曹军。生活中，一般情况下，是不会瞋目的。

视线高低

视线正直，与地面平行，称为平视或正视。视线向下，称为俯视。昂首，视线向上，称为仰视。视线向左右，称为游目。独处时，一般正视前方或视线稍俯，就可以了。在尊长跟前，晚辈的视线要比尊长低。尊长平视，晚辈则要俯视，不宜平视。俯视时，视线范围一般是"立视前六尺而大之，六六三十六"（《荀子·大略》。周代一尺约为23厘米），那就是身前约1.5米至8米的范围内。如果尊长俯视，晚辈视线就要更低。

视线范围

魏晋时代的阮籍是"竹林七贤"之一，为人放达，不守礼法，他常说："礼岂为我设耶？"因此，阮籍非常蔑视恪守礼法的人。阮籍的母亲去世后，他的朋友都前来吊丧。嵇（jī）喜来时，阮籍白眼相加。嵇喜受到鄙视，很不高兴，回到家中把此事告诉了弟弟嵇康。嵇康听说后，就带着酒、琴来拜访阮籍。阮籍就对嵇康青睐（lài）有加。视线高于对方的面部，就是白眼。注视对方面部，就是青眼。嵇喜是守礼法的人，所以阮籍才会鄙视他。按照礼的规定，居丧期间，不可以饮酒、作乐。嵇康故意携带酒、琴前往，就是要表现无视礼法的存在。这样正中阮籍下怀，因此阮籍非常欣赏他。示以青眼或白眼，实际上涉及视线的范围问题。与人交往时，视线的范围如何呢？传统礼仪规定了四项基本要求：

1. 毋上于面（《礼记·曲礼下》）

视线的上限是不高于对方的面部。若高于对方的面部，就是眼高于顶，以白眼示人，显得傲慢，瞧不起对方。

2. 毋下于带（《礼记·曲礼下》）

视线的下限是不低于对方的腰带。若低于对方的腰带，就会显得心不在焉，忧愁满怀。我们与人交际时，要保持理性、克制，不因个人的情绪而失敬于对方。

3. 不倾视（《礼记·曲礼下》）

倾，就是歪头的意思。若歪头视，则显得心怀不轨，别有所图，会让别人觉得是在算计自己。

4. 不游目（《仪礼·士相见礼》）

跟一般人交往时，不向其左右两旁看（陪侍父母则可以），即所谓"不游目"。王羲之《兰亭集序》里说："仰观宇宙之大，俯察品类之盛，所以游目骋怀，足以极视听之娱，信可乐也。"王羲之的"游目"，是游山玩水时随意观览的样子，跟这里不是一个意思。

视线调整

视线的范围在面部与腰带之间，这仍是很大的区域，我们的视线究竟该落在哪一点上呢？其实，与人交往时，我们的视线并不是一直盯着某一点，而是要适时加以调整。与人交谈时，视线变化可以分为三个步骤：

1. 始视面（《仪礼·士相见礼》）

我们与别人说话前，要先看着对方的面部。这样做是为了察颜观色，看对方是否有意听我们说话。孔子说："未见颜色而言，谓之瞽（gǔ，瞎子）"，即在说话前，不先察颜观色，就贸然进言，如同睁眼瞎。

2. 中视抱（《仪礼·士相见礼》）

我们话说完后，要把视线放低，看着对方怀抱之处。这是为了给对方留有思考应对的余地。

3. 卒视面（《仪礼·士相见礼》）

对方说话时，我们要再次注视他的面部，不要再改变，直到他把话说完。

与师长交谈，视线尤其要注意按照上述步骤来调整。

与师长同处，未交谈时，我们的视线应该注意下面两点：

1. 坐视膝（《仪礼·士相见礼》）

安坐时，我们的视线要落在师长的膝盖上。这样，如果师长起身，我们也可以迅速上前扶持。

2. 立视足（《仪礼·士相见礼》）

站立时，我们的视线要落在师长的脚上。这样，如果师长走动时，我们就可以迅速上前扶持。

如果把视线落于别的部位，那么师长起身、行走时，我们就没有办法及时上前扶持，就怠慢了师长。

另外，陪侍师长登到高处，我们的视线要朝着师长所看的方向。这样师长问话，我们就能及时回答。

两人目光不期然而相遇，我们应该怎样做才合礼呢？荀子说："偶视而先俯，非恐惧也。"（《荀子·修身》）既然先俯不是内心畏惧对方，那当然是因为其合礼了。

顾 视

古诗云："顾盼生姿"。（嵇康《赠秀才入军》）白居易《长恨歌》说："回眸一笑百媚生。"《西厢记》则说："怎当她临去秋波那一转。""顾盼"、"回眸"、"临去秋波转"，都是向后看。向后看，谓之顾。由此，我们也知道顾视有时候是饱含着感情在内的。

我们有几种顾视的方式呢？礼规定有三种：旋面、旋肩、旋身。按照古礼规定，天子向后看，要把整个身体旋转过去。诸侯向后看，则把肩膀旋转过去。大夫与诸侯同。士只要将脸转过去就可以了（参上博简《天子建州》）。可见，越是地位尊贵的人，其举动越是谨慎。我们今天在重大的礼仪场合，若要向后看，还应当旋身以示慎重。日常生活中，则可以旋面顾视。

生活中，有些情况下需要回顾，有些情况下则不可以回顾。

宾主送别，宾宜回顾。主人送宾时，主人不可以马上离开，要目送宾，宾也要不时回顾。这是宾与主人惜别的情感交流。如果宾完全不回顾，将主人冷落一旁，就会显得薄情，多少会令主人心中不悦。如果主人不目送，同样会显得薄情。主人目送宾，一般到宾转弯看不见时就可以了。

离别家人时，宜回顾。这是人之常情。《一壶老酒》的歌词唱道："每一次我离家走，妈妈送儿出家门口。每一回我离家走，一步三回头。"这不时的回回头，"回头啊望见妈妈的泪在流"，为人子女者如何忍心离别慈母呢？朱自清的《背影》描写父亲送别儿子时的情形：

> 于是扑扑衣上的泥土，心里很轻松似的。过一会儿说："我走了，到那边来信！"我望着他走出去。他走了几步，回过头看见我，说："进去吧，里边没人。"等他的背影混入来来往往的人里，再找不着了，我便进来坐下，我的眼泪又来了。

父亲走了几步，回过头，又叮嘱一番。朱自清看着父亲的背影消失在人群里，忍不住流下泪来。其实，为了不让儿子担心，父亲一直在极力克制自己的情感，故作轻松态。可以说，那消失在人群的父亲不知道比儿子要黯然销魂多少倍呢？古诗《孔雀东南飞》描写刘兰芝不能得婆婆的欢心而被休弃，诗开篇用"孔雀东南飞，五里一徘徊"来比喻刘兰芝离开时的心情。"五里一徘徊"，正是回望夫君，感念起夫妻间的旧恩，内心有千般不忍，万般不舍啊！

车中不内顾（《论语·乡党》）。乘车时，如果坐在前排，不可以回头看后排人的行为，也不可以通过后视镜窥探。那样有趁人不备，窥探他人隐私的嫌疑。如果不得已要回顾，要先跟后排人有所交流，而且回顾时，视线最好不要超过座椅靠背。

不窥隐私

视容方面，还有一项重要的原则需要遵守，那就是：不窥探他人的隐私。

我们可以从亚圣孟子的一段故事说起。有一天，孟子的妻子独自一人在室内，叉开腿蹲在地上（箕踞）。箕踞，是非常失礼的行为。孟子回家，恰好撞见，就禀告母亲说："这个妇人不守礼仪，请允许我把她休掉。"孟母说："为什么呢？"孟子说："她箕踞。"孟母问："你是怎么知道的？"孟子说："我亲眼所见。"孟母说："这是你不守礼啊。礼仪不是有这样的规定吗？'将入门，问孰存；将上堂，声必扬；将入户，视必下。'这些礼仪都是为了警觉室内的人，以免他措手不及，无所防备。你去妻子的房间，不作声响，视线太高。这是你的行为不合礼仪，而不是你的妻子不守礼啊。"孟子听了母亲的教导后，认识到自己的过错，就再也不提休妻之事了。古人对妻子的隐私尚且如此尊重，更何况其他人呢？

每个人都有一些事情或信息，不想被他人知道，这就叫隐私。如果我们的隐私被他人窥探到，心中就会不悦，甚至愤怒。别人同样也会如此。"己所不欲，勿施于人"，所以传统礼仪特别重视对他人隐私的尊重。有时候，我们虽然无意窥探他人隐私，但我们的行为却可能会让对方觉得是要窥探他的隐私（这种情况就叫做嫌疑），我们也应该避免这样的行为（这就是避嫌）。

要避免有窥人隐私的嫌疑，首先必须分清空间、场所的公与私，或敞开与封闭。我们所处的空间有两类，有些空间是敞开的、公共的，比如操场、广场；有些空间则是封闭的、私人的，比如室内、私家车内。前者属公，是敞开的；后者属私，是封闭的。

经过封闭的空间时，我们不可窥探其中，即"不窥密"（《礼记·少仪》）。

密，就是指封闭的场合或空间。这样就可以避免刺探他人隐私的嫌疑。还有一些物品，也可以视作"密"，如别人的书籍、电脑、信件、邮件、手机等，同样涉及隐私问题。我们不可以翻看别人的上述物品。别人在看电脑、手机的时候，我们也不可以探头看个究竟。

进入封闭的空间时，我们的视线要做到下面两点：

1.将入户，视必下（《礼记·曲礼上》）

进入封闭空间时，我们的视线要放低，不可以昂然而入。

2.既入户，视勿回（参《礼记·曲礼上》）

进入封闭空间后，我们不可以来回扫视室内的情形。

任何人在封闭的空间里，都会比较放松，做一些私密的，甚至不太雅观的事情。如果我们昂然而入，室内情形尽收眼底，就有可能看到他人不雅的行为，会令彼此非常尴尬。如果室内空间很大，坐在角落里的人不易发现有外人来到。所以，进入后，我们不来回扫视室内，就给隐秘角落的人留下了余地。我们要养成尊重别人隐私的意识与习惯，就必须从视容做起。

思考讨论

教室属不属于封闭空间？经过教室时，可以不以转头看？进入教室时，应该怎样做呢？

链接

视箴

宋·程 颐

心兮本虚，应物无迹。操之有要，视为之则。蔽交于前，其中则迁。制之于外，以安其内。克己复礼，久而诚矣。

第三课　听容

　　杜甫的诗句说："仰面贪看鸟，回头错应人。"（杜甫《漫成二首》）这是我们生活中常常发生的事情。"错应人"，就是答非所问，之所以出现这样的情况，就是因为我们听的时候心不在焉，没有准确捕捉到对方话语的信息。如果要准确捕捉到对方的信息，就必须注意我们的听容。什么是听容呢？听容就是聆听他人言语时的礼仪。

听思聪

　　孔子说："听思聪。"（《论语·季氏》）闻审谓之聪，就是指聆听他人的言语时，能够准确把握对方所表达的信息。我们在听他人说话，尤其是师长的教诲时，做到下面三点，才能达到"聪"的状态。

　　1.身体正直

　　礼规定："立必正方，不倾听。"（《礼记·曲礼上》）这里的"倾听"是指倾头而听，就是歪着头听旁边人说话。所以聆听时，我们的身体不要倾斜，头部尤其要保持正直，不可歪斜。

　　2.容色矜庄

　　礼规定："正尔容，听必恭。"（《礼记·曲礼上》）容，就是容色，也就是表情。我们聆听时，表情要矜持、庄重，不可以嘻嘻哈哈或嬉皮笑脸。那是漫不经心的表现。

　　3.内心恭敬

　　内心恭敬，聆听时才能专注。荀子说："以学心听"（《荀子·正名》），即我们聆听别人的发言时，应该谦虚，要抱着学习的心态。

　　做到了上述三点，我们就能清晰、准确地把握住他人言语的内容，否则，心不在焉，就会充耳不闻。

我们常会赞美一个人聪明，聪明就是耳聪目明。聪、明都是非常重要的学习能力。人们年幼的时候大都还不具备独立思维及自学能力，需要老师来传道授业，"耳聪"（能否专注听讲）就显得尤其重要。弈秋是战国时代的大国手，他的围棋水平在当时可以说是天下第一。弈秋有两位徒弟，资质都很好。其中一位学棋时专心致志，一心一意聆听弈秋的教导；另一位却心不在焉，听见大雁鸣叫，就想着下课后去射猎。这两位徒弟的智力本来不分上下，但后来一位成了大国手，另一位变成了平庸之辈。这两位徒弟造诣的高低，与他们的听容有很大的关系。由此可见，听容对学习来说是何等重要。

视下听上

在师长跟前，我们要把视容、听容巧妙地结合起来，做到"视下而听上"（《礼记·玉藻》）。也就是说，我们的视线要比尊长低，但耳朵要始终保持灵敏，注意聆听师长的指示。否则，心神不够专注，没有听到师长的吩咐，就会怠慢失礼。

尊重他人隐私

跟视容一样，听容也有尊重他人隐私的要求，也主要是针对封闭的空间来说的。

首先，经过封闭的空间时，我们要做到不偷听。《礼记·曲礼上》："毋侧听。"侧听，是指耳朵贴在墙壁上偷听。这样的行为是不合礼的。

其次，进入封闭的空间时，我们要遵循下面的原则："言闻则入，言不闻则不入"（《礼记·曲礼上》）。如果室内的人谈笑风生，在室外就能听到，我们就可以进入室内。虽然室内有人，却寂然无声，或者只是窃窃私语，我们就不要进入。因为他们有可能是在商量一些事情，不想为外人所知。如果我们贸然闯入，就有刺探他人隐私的嫌疑了。

非礼勿听

孔子说："非礼勿听。"（《论语·颜渊》）上面，我们主要从能听（耳官）方面讲了一些不合礼的行为。下面，我们将从所听（声音）方面，来分析这个问题。

1.多听正音雅乐，不听奸声邪音

我们所听到的声音，可分为三个层次：声、音、乐。简单地来说：单出曰声，如鸡啼、狗吠、机器轰鸣；杂比曰音，单个声音按照一定的规律排列起来，具有了节奏、旋律，就成了音；德音曰乐，"音"之中优美的、蕴含德性的那一部分才有资格称之为"乐"。我们今天泛言音乐，实际上混淆了"音"与"乐"的界限。在古人看来，禽兽知声而不知音，众庶（一般人）知音而不知乐，只有君子能知乐。

声、音有奸、正的不同，聆听时若不加以区分，就有可能造成严重的后果。奸声、正声都能感动人心，它们的效果却是截然相反的。奸声感动人心，会有奸邪之气来相应。沉浸既久，慢慢气质发生变化，最终致使其人趣味低下，面目可憎。反之，如果每日受正声的熏陶，其人必然越发优雅、和乐坦易。声音与耳朵的关系，就像饭食与嘴巴的关系一样。耳闻声，就如我们摄取食物。因此，声音对我们的身体来说，其实也是一种养料。正声雅乐，如珍馐佳肴，能够滋养身心。奸声邪音，就像含有毒素的食品、垃圾食品，则会伤害我们的感官、扰乱我们的心神。也就是说，奸声邪音对我们来说，不唯无益，反而有害。没有人不爱自己，听音乐时，我们应该有所取舍，多听正音雅乐，不听奸声邪音。

2.有故不举乐

儒家极为重视乐教，礼仪则规定"大夫无故不徹县，士无故不徹琴瑟"。"故"，指灾患丧病等。若非遭遇灾患丧病，是不可以去乐的。然而遭遇灾变，则需要作出相应调整，因为"吉凶不相参、忧乐不相干"，是礼的重要原则。下面我们就分析下几种不举乐的情形。

国有大灾，不举乐

如果国内发生了大灾祸，如遇国难日（如南京大屠杀纪念日）、地震、大水、泥石流、疫病，都不应该欣赏音乐。

父母有疾，不举乐

礼规定："父母有疾，琴瑟不御。"(《礼记·曲礼上》)如果父母生病，子女应该把心思放在父母的健康上，不应还有心情去欣赏音乐。否则，就是心中没有父母，属于不孝。

父母有丧，不举乐

如果父母去世，一般要除丧后，才能欣赏音乐。其他关系比较亲密的亲人生病、去世，也不应举乐。何时可以欣赏音乐，则要视其与自己关系的亲疏来定。

前往墓地，不举乐

清明、过年扫墓、祭墓，前往墓地的过程中，不宜欣赏音乐。有人可能会问，现在丧礼不是会奏哀乐吗？我们要知道，丧礼奏哀乐不是为了欣赏，是为了抒发丧礼参与者的哀伤之情。

亲戚、朋友有丧，我们也不可以在他们身边欣赏音乐。否则，就是缺乏同情心。

邻里有丧，不举乐

礼规定："邻有丧，舂不相。"(《礼记·曲礼上》)邻居家有丧事，我们应该表示同情，舂米时都不可以打号子助力。连打号子都不可以，更何况是欣赏音乐呢？如果此时欣赏音乐，就会有幸灾乐祸的嫌疑，惹得邻里不睦。

思考讨论

你平时喜欢听什么音乐？请跟大家分享一下你的感受。最后，跟大家一起讨论它是否属于正音雅乐。

链接

听箴

宋·程 颐

人有秉彝，本乎天性。知诱物化，遂亡其正。卓彼先觉，知止有定。闲邪存诚，非礼勿听。

第四课　口容

《红楼梦》中有一个特殊的角色——刘姥姥。她是一位朴实的农村老妇人，礼仪修养不高，进入荣国府后，言行常引人发笑。第一次进荣国府，刘姥姥受到王熙凤的款待，吃完了饭，她“舔唇咂嘴的道谢”。凤姐见她如此，不由地笑了。凤姐之所以笑，是因为刘姥姥的口容实在不太雅观。口容，就是与嘴有关的礼仪。口容看似微不足道的事情，实际关系到个人的修养。礼仪，正是要在细微处见修养，在细微处见精神。因此，我们一定要留意自己的口容。

口容止

“口容止”(《礼记 · 玉藻》)，是口容的基本要求。止，就是不妄动。在师长跟前或公共场合等行礼场所，口部要保持微微闭合的状态，不可妄动，如张嘴、噘嘴、嘟嘴、咬唇、抿嘴角、歪嘴，更不可吃东西、嚼口香糖等。在礼仪场合，如与人交谈时，也不可以戴口罩。如果妄动，叫做“弄口”。弄口是不合礼的。刘姥姥第二次进大观园，贾母在大观园设宴。刘姥姥在宴会上“弄口”，惹得众人喷饭。

> 凤姐儿偏拣了一碗鸽子蛋放在刘姥姥桌上，贾母这边说声“请”，刘姥姥便站起身来，高声说道：“老刘，老刘，食量大似牛，吃一个老母猪不抬头。”自己却鼓着腮不语。众人先是发怔，后来一听，上上下下都哈哈大笑起来。(《红楼梦》第四十回)

刘姥姥说完那句诙谐的话，鼓腮不语，就是属于“弄口”，由此引起众人哈哈大笑。

洁　净

口部（口腔、嘴唇、嘴角）要保持洁净。每天早晨要刷牙漱口，**餐后要擦拭嘴唇、嘴角，也要漱口。**林黛玉初进贾府时，为免失礼，步步留心，时时在意。饭后吃茶时，她特别小心。

饭毕，各各有丫鬟用小茶盘捧上茶来。当日林家教女以惜福养身，每饭后必过片时方吃茶，不伤脾胃；今黛玉见了这里许多规矩，不似家中，也只得随和些，接了茶。又有人捧过漱盂来，黛玉也漱了口，又盥手毕。然后又捧上茶来，这方是吃的茶。（《红楼梦》第三回）

看来，贾府比林家更讲究。第一次捧上来的茶只是漱口用的，第二次的茶才是吃的。现代人饭后咀嚼口香糖，也是同样的作用。如果饭粒、菜叶残留在嘴角旁、齿缝里，那是非常不雅的。我们不可以当着他人的面剔齿，剔齿时，要背过身去，以手掩口来解决。

咳唾至屏处

《礼记·内则》规定，子女在父母跟前"不敢哕（yuě）、噫（ài）、嚏（tì）、咳"，"不敢唾、洟（yí）"。也就是不可以呕吐、打嗝、打喷嚏、打哈欠、咳嗽，也不可以吐痰、擤（xǐng）鼻涕。这条礼仪同样适用于在师长面前、礼仪场合。如果实在想呕吐、喷嚏、咳嗽时，则要走到"屏处"（无人处），转过身去，用手帕掩住嘴，尽量放低声音。如果确实有痰、鼻涕，则可到卫生间去。实在不得已，也要到"屏处"，转过身去，用手帕或纸巾擦拭。当着他人的面，吐痰、擦拭鼻涕，都是不合礼的行为。

古人常佩有帨（shuì）巾（相当于后世的手帕），进餐时可以用来拭手。现代用餐多配有餐巾，是从西方传来的。若有餐巾，也不可以用餐巾擤鼻涕，或咳唾其中，使用纸巾即可。

让食不唾

进餐时，不可以一次吃太多，致使两腮鼓起，也不可以咳唾、擤鼻涕。别人请我们吃某种食物时，我们不可以吐唾沫。若恰好口中有痰，要先致歉，然后到屏处去处理。别人请吃某种食物时，当着别人的面吐唾沫，会有嫌弃食物的嫌疑。

唾壶与手帕

古代中国，极其讲究洁净卫生，平时居家，都有唾壶或痰盂。偶尔出游，也携带着唾壶。有痰，即唾到壶中，是不会唾在净地上的。东汉马融《遗令》说："冢中不得下铜唾壶。"晋代贺循《葬礼》规定："藏物，今用瓦唾壶一枚。"（并见《太平御览》卷七百三《服用部》五）马融禁止下铜唾壶，瓦唾壶、陶唾壶应该是允许的。事死如事生，冢墓中下唾壶，则唾壶应是生前常用之物。由此也给我们以启示，先秦贵族墓地中出土的铜壶，汉代墓地出土的陶壶，恐有一部分正是用作唾壶。东晋权臣王敦，酒后辄咏"老骥伏枥，志在千里。烈士暮年，壮心不已"，以如意打唾壶为节，壶边尽缺，后来被人写入诗词中去了。

先秦时代，不论男女，其日常服饰中必然要佩带一方帨巾。这帨巾就是用来擦拭不净之物的，进餐时可以拭手。因此，佩带帨巾对古人来说是再平常不过的事情。西方的情况如何呢？文艺复兴时期，伊拉斯谟撰写的《男孩子的礼貌教育》中规定："应该把鼻涕擤在裹胸布里，而且应该转过身去，特别是当有尊贵的和重要的人物在场的时候，如果用手指擤了鼻涕，然后把它甩在地上的话，应该立即用脚蹭去。"可见，那时尚无手帕。而他所规定的擤鼻涕的礼仪，据中国古代礼仪规定看来，实在粗鄙。后来，意大利最先出现了手帕。当时，手帕被视为比较稀罕的物品。有人自己擦拭鼻涕后，会非常热情地邀请别人使用自己的手帕。有些人甚至把手帕或擦鼻布衔在嘴里四处炫耀。如果要说一个人家财雄厚，人们就说他擦鼻子不用袖子。文艺复兴时代，在西方人眼里，东方民族的生活可以说就是文明的标杆。比如，内文特大主教卡萨在《加拉泰奥》（1558年）里说："我经常听说，有些民族长期以来生活很有节制，经过努力练习，他们根本就没有吐痰的需要。"（参诺贝特·埃利亚斯《文明的进程》）这里所说的民族，就是指中国。因此，我们可以说一方小小手帕，其实可以代表一个民族其文明所达到的高度。

思考讨论

生活中，有哪些行为是违背"口容止"这一原则的？我们自身有没有类似的行为？今后应该怎样改进？

链接

次韵刘景文见寄

宋·苏 轼

淮上东来双鲤鱼，巧将书信渡江湖。
细看落墨皆松瘦，想见掀髯正鹤孤。
烈士家风安用此，书生习气未能无。
莫因老骥思千里，醉后哀歌缺唾壶。

第五课　言容上

　　孔子说："君子居其室，出其言善，则千里之外应之，况其迩者乎？居其室，出其言不善，则千里之外违之，况其迩者乎？"（《周易·系辞》）一个人在自己家里说一句话，不管是善还是不善，都会引起千里之外的回应。言行对于我们来说，就像是弓弩的扳手，只要轻轻扣动它，言行发出去，就会招来赞誉或者羞辱，这就是所谓的"无言不雠（chóu）"（《诗经·大雅·抑》。没有一句话不会得到回应、反响）。因此，我们应该重视言语方面的礼仪，即言容。

　　现实中，我们要根据场合、对象、时机等来决定我们说话的方式、内容、语气等。

言语合乎场合

　　身处不同场合，我们说话的方式应该不同。

　　在公共场合，商讨公事时，言语要"敬以和"（贾谊《容经》），恭敬而和气，不可因为观点不同而疾言厉色。自己的观点正确，想要说服对方时，则要秉持"仁心"，委婉开解，不可得理不饶人，予以讥讽、抨击；别人阐发观点时，我们要抱着"学心"，谦虚地聆听；两人观点不同，争辨利弊时，要秉持"公心"，不可夹杂个人情绪。这就是荀子所说的"以仁心说，以学心听，以公心辨。"（《荀子·正名》）。只有这样，议事才能高效。

　　在军事、体育活动场合，言容要"屏气折声"（贾谊《容经》）。屏气，是指安静时如屏息，静穆地听不到任何声响。所以行军时，士兵口中衔枚，就是禁止出声。折声，可以有两种理解。第一种是把"折"读作"折本"的"折"，折声就是放低声音，指行军时若说话，要降低声音。第二种是把"折"读作"直折"的"折"，折声就是指发声时，声音雄壮、直折、干脆，这是战斗时士气高昂饱满的表现。前一种理解跟屏气语义有所重复，后一种理解更周全。我们从大阅兵仪式，可以直接感受到这种屏气折声的状态。体育场举行运动赛事时，如果声音细弱、有气无力，必然得不到好的成绩。

在祭祀场所，言语要"文言有序"（贾谊《容经》）。祭文一般都是用古雅的四言韵文，这就是文言有序。另外，"祭事不言凶"（《礼记·曲礼下》）。祭祀前，一般要斋戒，参与祭祀人员在斋戒期间不可以思维凶悖之事；到了祭祀当天，更不可以谈论一些不相关乃至凶悖之事。这样做是为了保持内心的诚敬。

居丧时，言容"怮（yōu，忧伤）然慑（shè，失气，恐惧）然若不还"（贾谊《容经》），就是一副有气无力的样子。因为孝子内心悲痛，思慕亡亲，无心饮食，自然就会气力不足。另外，"居丧不言乐"（《礼记·曲礼下》），即居丧时，不可以谈及快乐的事情。

言语合乎对象

孔子说："可与言而不与之言，失人；不可与言而与之言，失言。知（通"智"）者不失人，亦不失言。"（《论语·卫灵公》）如果一个人通达事理，可以跟他谈论某方面的事情，却选择了沉默，那样就是失人；如果一个人昏愚，无法跟他谈论某方面的事情，却喋喋不休，那样就是失言。智者会根据所面对的人，来决定说话或者沉默以及所说的内容，所以不会失人，也不会失言。孔子是要教诲我们，言语要随着对象的变化而加以调整。

1.应对之辞

我们的应对之辞，要根据对象的不同而有所区别。应对之辞，古代主要有"唯"、"诺"两种。"唯"，相当于"是"，意味着无条件的服从。"诺"，相当于"好"，意味着有限度的认同。对于父亲、老师的召唤，不可以用"诺"，只能用"唯"，而且要立即起身，不可怠慢。我们今天面对父母、师长的召唤，应该干脆利落地喊一声"是"，然后立即起身来到他们跟前，听从吩咐。

回应师长，还有一点要注意，即"毋嗷（jiào）应"（《礼记·曲礼上》）。"嗷"通"叫"，是声响高急的意思。嗷应，就是回应时声音过于高亢。高亢的声音里，往往掺杂一些不健康的情绪，如厌烦、逆反等。所以，《弟子规》说："尊长前，声要低。低不闻，却非宜。"回应师长，声量要适中，声色要亲切，不可掺杂不良情绪。

2.称呼

传统社会，人们有名、有字、有号。名，是父亲或其他长辈所取；字，是举行成人礼时，嘉宾所取；号，则是自己所拟。字往往与名有某种关联，用以表达德性上的追求。号，则往往显示个人的人生志趣。一般同辈的人交往，不可以直呼对方的姓名，而要称字。现代社会，绝大多数人没有字，但仍可以以某兄、某姊等来称呼。

中华传统礼仪，尤其讲究尊卑有序。《弟子规》说："称尊长，勿呼名。"晚辈不可以直接称呼尊长的姓名。

古时，不仅不可以称尊长之名，即便是与其名同音的字，有时候也不敢说出口，这就是避讳。避讳本来是指在尊长去世后，讳言其名。慢慢地，对于活着的人也要避其讳。后来，名讳的避忌越来越严格，不仅名要避，字也要避。汉末，司马朗九岁时，"人有道其父字者"，司马朗说道："慢人亲者，不敬其亲者也。"对方下不了台，赶忙致歉。常林七岁时，父亲的朋友登门造访，问常林说："伯先在不？汝何不拜？"常林回答说："对子字父，何拜之有？"传统社会，为人子者，如果听到别人提及父母的名讳，要马上站起来，以示恭敬。如果父母去世了，听到别人提及跟亡亲名字同音的字，都会勾起内心对亡亲的思念，即所谓"闻名心瞿（jù，惊恐）"（《礼记·杂记下》）。现代社会，师长没有字号，我们可以用某师、某伯、某叔、某姨等来称呼尊长。当然，最好是以后每个中国人都有字，那样才更便于人际交往。

3.内容

跟不同的人谈话，要注意谈话的内容扣合对方的身份。与做父亲的人谈话，要讨论怎样教育子女；与做子女的谈话，则讨论怎样孝敬父母；与做兄长的人谈话，则讨论怎样训导幼弟；与做弟弟的人谈话，则讨论怎样承事兄长；与教师谈话，则讨论怎样教育学生；与学生谈话，则讨论怎样努力学习。谈话内容与对方身份扣合，益于开启话题，逐渐深入交流。如果谈话内容未能扣合对方的身份，"群居终日，言不及义"（《论语·卫灵公》），于人于己，都没有益处，纯属浪费时间。

言语内容方面有一项特殊的礼仪，即"对子毁父，理所不容"。当着为人子女的面，辱骂其父母等尊者师长或说他们的坏话，是不合礼的。《世说新语》里记载的"陈太丘与友期"的故事，充分说明了这个问题。陈太丘（名寔，做过太丘县令）与一位朋友相约中午时一同出行。结果，日已过午，朋友尚未来，太丘就不再等他，自己离开了。太丘离开后，朋友才到，就问当时只有七岁的陈纪（太丘之子）说："尊君在否?"陈纪问答说："久等您不来，已经离去了。"这位朋友生气地说道："真不是人! 跟别人相约，却自己离开了。"陈纪说，"您本无信在先，现在又对子骂父，实为无礼。"朋友大感惭愧，下车要拉陈纪。陈纪头也不回地进了门。对子骂父，必然会让为人子者难堪。其实，当着为人子女的面，即便是仅仅对其父有所批评也不应该。若是父子同时在场，更不应该如此。

言语合乎时机

同样的话，在不同时机说出，其效果可能截然不同。卫国大夫公叔文子"时然后言，人不厌其言"（《论语·宪问》）。相反，如果在不恰当的时机，喋喋不休，饶舌不已，只会令人心生厌烦。

妥而后传言

若有事要向师长禀报，应该做到"妥而后传言"（《仪礼·士相见礼》）。妥，原来是指安坐。这里我们可以根据实际情况来定。若非紧急之事，来到师长跟前，或者立定，或者坐定，待气息平舒后，再述说。不可匆遽慌忙，气喘吁吁地述说。

察颜色

说话前要"始视面"，察颜观色。否则，未见颜色而言，就如同瞎子。

毋僭（chàn）言（《礼记·曲礼上》）

僭言，就是错乱话题。与师长谈话时，话题应该由师长来主导，长者没有提及的话题，不要主动提出。否则，言未及之而言，贸然提出师长没有涉及的话题，就会显得为人浮躁。

毋插话

礼规定："先生问焉，终则对。"（《礼记·曲礼上》）师长问话时，不要插话。有时候，言未尽，意已传，但是即便如此，我们也不可打断师长，一定要等他说完，再来应对。

顾望而对

礼规定："侍于君子，不顾望而对，非礼也。"（《礼记·曲礼下》）礼尚谦。

若多人同侍长者，长者向众人发问，侍坐者当先看看周围，待他人来回答，或请他人先来回答，不宜急着抢先回答。过了一会儿，若终无人回应，再来回答长者的问题。《论语》记载，有一次子路、曾皙、冉有、公西华侍坐，孔子让弟子各言其志。子路"率尔而对"，大谈自己的治国手段如何如何。结果，夫子"哂之"。孔子之所以哂笑子路，就是因为他没有做到"顾望而对"，"为国以礼，其言不让"（《论语·先进》），言行不合，陷入悖谬而不自知。

如实对

如果师长提及的话题，自己也了解相关情况，师长询问时，应该如实禀报，不可隐瞒，也不可含糊其词，剿（chāo，通抄）说雷同。

思考讨论

开班会时，出现了不同的观点，我们应该怎样做才合乎礼仪呢？

链接

口兵戒

唐·刘禹锡

戒五刃之伤，药之可平。一言成疴（kē），智不能明。人或罹（lí）兵，道途奔救。投方效技，思恐其后。人或罹谮（zèn），比肩狐疑。借有解纷，毁辄随之。故曰：舌端之孽，惨乎楚铁。夷竈（zào）诚谋，执戈以驱。掩人诚智，折笄（jī）以詈（lì）。贤者诲子，信有其旨。发言之难，伸舌犹尔。辩为诈媒，默为德基。玉椟不启，孰能瑕疵？犨（chōu）麋（mí）深居，孰谓可嗤？戒哉！我口之启，尔心之门。无为我兵，当为我藩。以慎为键，以忍为阍。可以多食，勿以多言。

第六课　言容下

　　"良言一句三冬暖，恶语伤人六月寒"。与人交往，有时候"口枪舌剑"，口舌如枪戟、刀剑，一不小心就有可能伤人于无形；有时候"祸从口出"，发言不谨，就有可能惹来祸端。在言语方面，我们应该怎样做才能既保全自身，又足以慰藉、温暖他人呢？

　　言语时，除了场合、对象、时机要注意外，我们言谈本身有五项礼仪需要遵守：一为不说谎言、恶言、离间语；二为宜讲求谦辞敬语；三为慎言；四为疑则不言；五为不食言。

不说谎言、恶言、离间语

　　谎言，也称诳（kuáng）语。诳，是"欺骗"之意。古礼规定"幼子，常视（通"示"）毋诳"。小儿总是效法成人的行为，所以成人应该常示以正事，不应该教以欺诳。曾子的妻子要到市场去，其子哭泣着尾随。曾子的妻子随口说："你回去吧，等我回来杀猪给你吃。"妻子回来后，曾子就准备杀猪。妻子制止他说："那只不过是跟孩子说的一句戏言。"曾子说："婴儿不可与戏言。那样是欺骗他。母亲欺骗儿子，慢慢儿子就不会信任母亲。这样以后就很难教育了。"曾子遂杀猪食儿。现实生活中，我们漫不经心跟孩子说的一句话，可能无形中已对他造成深刻的影响，所以不可不慎重。另外，大话往往不实，其本质也是诳语谎言。诚实守信是为人处世的基本品质。

　　恶言，是指污秽之词、恶毒之言。《弟子规》说："奸巧语，秽污词，市井气，切戒之。"我们当追求个人修养的不断提高，气质宜高贵优雅。恶口骂詈（lì），粗鄙伧俗，切不可取。更何况，"言悖而出者，亦悖而入"（《大学》），秽语辱人必然招来更恶毒的骂詈。对他人，不但不可恶语相向，还要做到"不苟訾（zǐ）"（《礼记·曲礼上》）。苟，是随便。訾，是"非议、讥笑"之意。随便非议、讥笑他人，将招来反唇相讥，自取其辱。

离间语，是指拨弄是非、挑拨离间的语言。从甲处听闻乙的过错，就向乙说。或从乙处听闻甲的过错，就向甲说。或者无中生有、捏造是非、挑拨离间。这些都属于离间语。人与人相处，贵在和睦。挑拨离间之人。

讲求谦辞敬语

社会上与人交往，要遵循自卑而尊人的原则。将自己的姿态放低，就是自卑；而将别人抬高，就是尊人。哪怕是贵为天子公侯也应当遵循此原则，所以《老子》说："人之所恶，唯孤、寡、不谷，而王公以为称。"称孤道寡，不是妄自尊大，而是自谦。自卑而尊人在言容方面的表现最为突出。

交谈时，凡涉及自己一方的人或物，我们都要用谦虚的词语来表达；凡是涉及对方的人或物，则要用尊贵的词来表达。自称鄙人、在下；称人则说阁下、足下（不敢直斥其人，而言及其旁之人，表示自己没有资格直接与对方对话，必由其左右的人来传言）。自己的住宅，称为寒舍；称别人的住宅，则说潭府（潭是深的意思。潭府是说对方的住宅如侯王的府邸一样深邃）。自己的父母，称为家父、家母；称别人的父母，则说令尊、令堂。自己的儿子，称为犬子或豚儿；称别人的儿子，则说令郎（令，是美好之意）。自己的身体，说是贱躯；别人的身体，称为玉体。自己的文章，称为拙作；别人的文章，则说华章。自己的姓，称为贱姓；别人的姓，则说贵姓。等等。谦辞敬语大多有约定俗成的用法，这就需要在读书学习的过程中，不断积累，并在生活中加以应用。

自卑也好，尊人也好，都可以统称之为客气。西人明恩溥在中国传教多年，对中国人有细致入微的观察。他在《客气的中国人》一文中曾举例说明中国人之间的客气到了什么程度。

两个人下象棋，到了吃紧的时候，甲说："某谨将敝帅踱出，以避尊炮之大轰。"乙说："某亦不揣冒昧，敢将贱炮挺进一步，以避尊车之巨扫。"

自己的帅称"敝帅"，自己的炮称"贱炮"，是谦辞。对方的炮、车称"尊炮"、"尊车"，对方的进攻，称"大轰"、"巨扫"，则是敬语。游戏时都如此郑重其事，可见此种精神已深入国人的脑髓。现在有的人说我们要讲求自尊、自强，怎么可以自卑呢？殊不知，此自卑非彼自卑也。

慎　言

《诗》云："白圭之玷（diàn），尚可磨也。斯言之玷，不可为也。"（《诗经·大雅·抑》）脂玉上的斑点，可以琢磨掉。言语之玷污，一旦说出口，再也无法消弭。有时我们不经意间说错了一句话，一旦觉察到，就会不自觉地用手遮挡住自己的嘴巴，但是"驷不及舌"，哪里还来得及追悔呢？即便是在密室之中窃窃交谈，也可能隔墙有耳，所以诗人说："君子无易由言，耳属于垣（yuán）"（《诗经·小雅·小弁》）。俗话说"祸从口出"，所以言语不可以不谨慎。孔子至周观礼，在后稷庙里看到一个金人（铜铸的人），嘴巴上有多道封条，他的背后有一段铭文，其中有这样的话："戒之哉，无多言，多言多败。"（《孔子家语·观周》）言多必失，我们只有恪守礼仪，非礼勿言，才有可能不失言于人。

疑则不言

流言蜚语，无根浮谈，没有切实的根据，有修养的人是不会传播的，更不会首倡流言，所以说"流言止于智者"（《荀子·大略》）。自媒体时代，有些信息来源不明，虚实莫辨。我们应当秉持"疑则不言"（《大戴礼记·曾子立事》）的原则，审慎对待，不要轻为扩散。若我们了解事情的真相，则有义务予以澄清，使"流言止焉"（《大戴礼记·曾子本孝》）。

不食言

　　食言，即失信。与人有约定时，就要加倍小心：一方面要考虑约定的事情是否合乎道义；另一方面则要考虑所约之事是否在自己能力范围之内。合乎道义，又在自己能力范围内，才可以约定。否则，贸然应允，就有可能会置自己于背信弃义或进退两难的境地。我们的言语与行为要相符合，"言顾行，行顾言"（《中庸》）。言必可行，然后言之。行必可言，然后行之。所说的话，没有不可以付诸实施的。所做的事，没有不可以对人说的。信守承诺而又光明磊落，才是为人处世的正道。人之患，常在好多言，而少有实行。所以孔子教导子贡说，君子之道在于"先行其言，而后从之"（《论语·为政》）。先行后言，笃实为人，确实可以避免自食其言。

思考讨论

　　与人约定时，我们应该注意哪些方面，才能保证不失信于人？

链接

言箴

宋·程 颐

　　人心之动，因言以宣。发禁躁妄，内斯静专。矧（shěn）是枢机，兴戎出好。吉凶荣辱，惟其所召。伤易则诞，伤烦则支。己肆物忤，出悖来违。非法不道，钦哉训辞！

幼仪杂箴·言

明·方孝孺

发乎口，为臧为否；加乎人，为喜为嗔！用乎世，为成为败；传乎书，为贤为愚。呜呼，其发也可不慎乎！

第七课　声容

梁实秋说:"中国人的喉咙之大,在全世界,可称首屈一指。"(梁实秋《小声些》)国人海外旅行,常因此引人侧目。这是由于人们忽视声容所造成的。声容,就是指一个人声音方面的礼仪。

语贵迟

我们平时与人说话,语速不宜太快。俗话说:"水深则流缓,人贵则语迟"。语迟,也就是《礼记·曲礼上》所说的"安定辞",说话时应该从容不迫、慢条斯理,不可匆遽。因为,匆遽容易出错。即便跟人辩论,自己一方有理,也不可"疾言厉色"。我们从新闻里看到很多重要人物讲话,常是不紧不缓,不匆忙。说话如放连珠炮,是内心焦灼、不安,修养不足的表现。

声容静:不干扰他人

声音在空气里传播,最容易干扰到别人。传统礼仪的一项基本原则是心存他人,对他人要给予充分的尊重,尽量不干扰他人。所以,我们的音量要适度,即"声容静"(《礼记·玉藻》)。

跟师长说话,声量要适中
《弟子规》说:"尊长前,声要低。低不闻,却非宜。"若师长耳背,声量可适度提高。若无故声量过高,则有骄伉厌烦之嫌;声量过低,则显得底气不足,缺乏自信。

公共场合,要保持安静
公共场所,是属于大家的,不属于某个小群体,更不属于某个人。因此,保持环境的安静,是每个进入公共场合的人的义务。

首先，不宜以在公共场所大呼小叫。 在人们集会的时候，尤其不可为一些小事而大惊小怪，发出尖叫。那样容易引起人群的惊慌，导致局面失控。

其次，不宜在公共场所高声唱歌、跳广场舞。 若在公园里、道路上引吭高歌，会引人侧目。广场舞的音响放得震天价响，会严重干扰他人正常生活。舞不是不可以跳，但若大声播放配乐则为不妥。

地铁、公共汽车里，最好是保持安静，不可以旁若无人地接打电话、聊天。若不得已，也要尽量放低声音。

自从有了微信发送语音的功能，人们不分场合地对着手机发语音、听语音，这也有悖于礼。因为人们忽然听到一些莫名其妙的话语，总会觉得不适。其实，即便跟朋友一起，要接听、发送语音，也要先给朋友说一声致歉的话，才算合礼。

私人场所，音量宜有节制

即便是在私人场合，声音也要限制在一定的范围之内，不要干扰左邻右舍的正常生活。看电视、播放音乐，声音不宜过大。关门、揭帘，最好不要发出声音。夜深人静，走动时，脚步要放轻。哪怕是放置一只茶杯，也尽量不发出声音来。

声必扬：尊重他人隐私

"声容静"是礼仪的明文规定，但有些场合我们却要故意发出些声响来。礼规定：将上堂，声必扬（《礼记·曲礼上》）。将进入封闭的空间时，要发出一定量的声音（如轻咳两三声），其目的是警觉里面的人，让他知道有人来到。哪怕只是经过封闭的空间，如经过别人的窗前，也要轻咳示警。这样做都是出于对他人隐私的尊重。

《西游记》里，唐僧有一柄九锡禅杖。这九锡禅杖，其作用就是到居士家乞食时，摇动作声，警觉室内之人。这样看来，九锡禅杖的作用，正如礼规定"声必扬"一样，为的是尊重他人的隐私。

有些时候，轻咳与不窥人隐私无关，纯粹是要警觉对方。在暗中行走，如果看到前面有人，我们应该轻咳两三声，以提醒对方后面有人，并且没有恶意。若默不作声，就给人以尾随的嫌疑，可能会引起对方心理紧张。

"声容静"和"声必扬"，看似矛盾，其实相辅相成。我们掌握了这两条原则，在生活中就会避免很多不合礼的行为。

下气怡声：侍奉父母的声容

礼规定，面对父母时，声容应该与面对其他人时不同，宜"下气怡声"。下气，是指音量要放低，要柔和，不宜高亢、坚硬。因为高亢的声音里，往往掺杂一些违逆的情绪在其中，会令父母觉得不顺心。怡声，是指音色要和悦甜美。为人子女者以柔和甜美的声容侍奉父母，父母怎能不身心舒泰，健康寿考呢？现实中，很多人不论跟谁交谈，总是一个腔调。甚至，在父母跟前，语气高亢强硬。传统文化对孝的要求并不高，最重要的是一张笑脸、一腔柔语。

子路曾向孔子请教：有那样的一个人，起早贪黑，努力工作，发了家，致了富，用锦衣玉食来奉养父母，可仍然不能得父母的欢心，为什么呢？孔子回答道：大概是因为他体貌上对父母恭敬不足吧？或者在父母跟前容色不够柔顺吧？或者言辞不够恭顺甜美吧？子女对父母的爱、敬，不仅体现在物质的供养上，还应该在声音、容色等其他方面体现出来。

若父母犯了过错，子女进谏时，声容尤其要注意做到柔顺。《礼记·内则》说：

> 父母有过，下气怡色，柔声以谏。谏若不入，起敬起孝，说（yuè）则复谏。

如果父母有过，为人子女者应当和颜悦色，以柔美的声音来劝止；如果父母不听取，为人子女者要更加恭敬、爱戴父母，等到父母心情舒朗时，再次劝止。

不学兽语

除了声调要正常，声量要适中之外，还有一种行为要注意，不要模仿禽兽的叫声。

战国时代，齐国孟尝君出使秦国，被秦昭王扣留，最后靠门客偷盗狐白裘送给昭王的宠妾，宠妾向昭王求情，这样昭王才释放了孟尝君。孟尝君为迅速离开秦国，夜半来到函谷关。法律规定，鸡鸣才可以开关放行。于是，孟尝君的一位门客学鸡叫，才得以安全过关。这就是所谓的"鸡鸣狗盗"的来源，后来这个成语成为行事不够光明磊落的代名词。可见，学鸡鸣不是光彩的事。

古人形容一个人残忍，常用一个词，叫"豺声"，是形容声音像豺狼一样。《史记》记载，秦始皇就是"豺声"，他为人"少恩"（缺少同情心），而有虎狼之心，得志即吃人（杀人）。

东汉时代，有一位隐士戴良，为人放诞不守礼节，却极为孝顺。他的母亲喜欢听驴叫。戴良就经常学驴叫，来讨母亲的欢心。戴良此举，出于孝心，还有情可原。西晋时代，孙楚的行为就有些匪夷所思了。孙楚与王济交好。王济去世，当时名流都来吊丧。孙楚来到后，抚尸痛哭，众人深受感动，无不垂泪。谁知孙楚哭完，说："你以前喜欢听我学驴叫，现在我再为你学一次。"说罢，即学驴叫，学得惟妙惟肖，惹得众人大笑。这样的行为在这样的场合欠妥。

人前不啸

啸，是指撮口出声，也就是吹口哨，是一种抒发怀抱的方式。

据说，阮籍善于长啸，声闻数百步。他听说苏门山中有得道真人，就前去拜访。不论阮籍说什么话题，他都默然不应。后来，阮籍干脆对着他长啸一声。真人这才笑着说，再来一次。阮籍又长啸一声。等到意兴已尽，阮籍便退去，到了半山腰处，便听到山顶上众音齐鸣，好像有几部乐器合奏，树林山谷间都传来回声。阮籍回头一看，原来是那位真人在长啸。这是著名的"苏门长啸"。

陶渊明也曾经"登东皋以舒啸"（《归去来辞》）；苏东坡游赤壁时，登上山巅，"划然长啸，草木震动，山鸣谷应，风起水涌"（《后赤壁赋》），简直像是一位武林高手。

可见，长啸一声，未尝不可，只是要讲究场合。阮籍在苏门真人面前长啸，不无自我表现的嫌疑，却被人家给比了下去。陶渊明、苏东坡的长啸，都是在无人处，独自长啸。王维不也是"独坐幽篁里，弹琴复长啸"吗？

在人面前长啸，会让人觉得轻浮。礼规定，"男子入内，不啸"（《礼记·内则》）。内是指女眷所居之处。前人说，若在此处啸，"声容有异，骇人视听"（陈澔《礼记集说》）。其实，男子在女子跟前吹口哨，尤为轻佻。女子一般不宜吹口哨。

歌　哭

"人逢喜事精神爽"，歌以咏志，是人之常情。然而有些情况下，却不宜歌唱。

1. 望柩不歌（《礼记·曲礼上》）

看见灵柩，即看到有人在办丧事，不要唱歌。如果唱歌，就有幸灾乐祸之嫌。

2. 里有殡，不巷歌（《礼记·曲礼上》）

里，是指居民小区。如果我们所居住的小区里有人办丧事，我们就不宜在小区里唱歌，也不宜在附近从事娱乐活动。这些礼仪条文背后，是吉凶、忧乐不宜相参的原理。

3. 适墓不歌（《礼记·曲礼上》）

到墓地去，不要唱歌。到墓地去，是要祭奠先人。若于此时唱歌，其为人就全无心肝了。

4. 哭日不歌

《论语》里说："子于是日哭，则不歌。"孔子在这天哭过，就不会再唱歌。孔子的做法，后来也成了礼仪的条文。

北宋哲宗初年，王安石新党失势后，士人有洛党、蜀党等之分。洛党以程颐为核心，蜀党以苏东坡为领袖。程颐作为理学宗师，恪守古礼，在日常生活中比较严肃。苏东坡则爱好佛老之学，生性放达。因此，东坡每每看不上程颐，常跟他开玩笑。恰好当时发生了一件事情，司马光去世时，朝廷正在举行庆贺之礼。于是，围绕参加完庆礼，可不可以前去吊丧发生了分歧。程颐认为不可以，理由就是"子于是日哭，则不歌"。苏东坡讥讽程颐，说："此枉死市叔孙通制此礼也！"二人遂成嫌隙。

对于这桩九百年前的公案，我们该如何判定呢？这就需要分析当时的具体情势，以及歌哭的情感变化模式。

当时的具体情势是：百官有庆礼，是吉，在先。司马光去世，是凶，在后。哭日不歌，则是凶在先，吉在后。所以两者之间，确实存在差异。程颐不加区分，简单地拿来比拟，有些草率。

那哀与乐的情感变化模式又如何呢？我们都知道，哀（哭），其情感变化模式是逐渐衰减的，从剧烈的悲痛，到情感平复，需要很长的过程。而乐的情感模式，则不是这样，往往会在最高潮时，走向反面，此即所谓"乐极生悲"。若乐的情感不受干扰，任其自然变化，也会慢慢变淡。但若飞来横祸，突遇变故，即便是处在至乐状态的人，也会非常悲痛。哀则不同，即便有意外之喜，处于悲哀状态的人，也很难破涕为笑。因此，哀只能逐渐衰减，乐则可以戛然而止。所以，哭日不歌，正合乎哀的情感变化模式。歌日不哭，则不合乎乐的情感变化模式。

平心而论，此事蜀党所持的观点更合乎人情，也更合乎礼。

思考讨论

你家附近有没有人跳广场舞？他们的声响是不是放得很大？调查周围的人都怎样看待这件事，然后思考怎样劝谏他们，为大家营造一个安静的生活环境。

链接

题宣州开元寺水阁阁下宛溪夹溪居人

唐·杜牧

六朝文物草连空，天淡云闲今古同。鸟去鸟来山色里，人歌人哭水声中。
深秋帘幕千家雨，落日楼台一笛风。惆怅无因见范蠡，参差烟树五湖东。

第八课　气容

呼吸，是人的本能。荀子说，圣人微微喘口气，轻轻地蠕动一下，都是那么优雅，可以成为人们的楷模。也就是说，呼吸之中，也有礼仪存在，这就是气容。

气容肃

气容肃（《礼记·玉藻》），是气容的基本要求。肃，也就是肃静。在公共场合或礼仪场合，不可喘粗气，喘大气。我们跟尊长说话，也要气息平稳，不可急促。

勿　气

有些情况下，我们甚至要"勿气"，就是屏住呼吸。乍闻之下，很多人可能觉得不近人情。然而经过一番剖析，我们就会觉得那是理所当然的。

1. 气息不触碰他人的身体

当我们和他人的距离太近时，要注意不可以让气息触碰到他人的身体，所以这时要稍微控制自己的呼吸。如果有话要说，则要用手遮掩住自己的嘴巴，然后再说。

成人抱持着孩子时，如果有话对他说，要把头转到旁边，然后再说，不可直接对着他讲话。因为此时两人之间的距离太近，如果冲着孩子说话，气息就会触碰到他的身体。这是成人以身作则向孩子传授礼仪。

孩子回答成人的问题时，则要掩口而对。这正是避免自己的气息触碰到尊长。

有些人不注意气容，跟人谈话时，星沫四射，殊为失礼。

2.气息不触碰他人的器具、饮食

当我们为他人捧持物品或饮食时，不可以让气息触碰到这些东西，也要稍微控制自己的呼吸。如果别人问话，我们不得不回答，则要转过头去，再来回答。不可以直接对着器物、饮食说话，因为那样就会让气息触碰到器物、饮食，致使不洁。现在，很多酒店、餐馆在这方面做得不到位。

气容杂仪

啖蒜、放下风等与气味相关的礼仪，我们也将其并入气容，加以分析。

1.交际时，不食薰物

薰物，是指蒜、韭菜、臭豆腐等气味浓烈、刺激性强的食物。薰物的气味并不是所有人都喜欢，因此，与人交际之前，最好不要啖食薰物。如果已经啖食，出门前则要刷牙、漱口，尽量不要让呼吸中带有异味。有人可能会疑惑说，杜甫诗"夜雨剪春韭，新炊间黄粱"合礼吗？是的，一直到现在，农家来客，常会去地里剪一把韭菜，炒一盘经典农家菜"韭菜炒鸡蛋"。然而，那时自然是客随主便，又当别论了。其他一些气味浓烈的水果，如榴莲等，也不宜在公共场合食用。

2.公共场合不脱鞋

我们的脚常处于封闭状态，难免有些异味，在公共场合就不宜脱鞋。即使我们穿着透气的鞋子，脚部并无异味，也不宜脱鞋。

3.公共场合不放下风

放下风，即放屁。孙中山说："随地吐痰与任意放屁是中国人的两大毛病。"他说："有一次，一个外国大酒店当会食的时候，男男女女非常热闹、非常文雅，济济一堂，各乐其乐。忽然有一个中国人放起屁来，于是同堂的外国人哗然哄散，由此，店主便把那位中国人逐出店外。从此以后，外国大酒店就不许中国人去吃饭了。"他还又讲了一个当时的实事。有一次，上海有一位大商家请外国人宴会，他忽然在席上放起屁来，弄到外国人的脸都变红了。他不自检点，反而站起来大拍衫裤，且对外国人说："嗑士巧士咪。"（Excuse me 的音译，参孙中山《民族主义》第六讲）我们很难想象，一个曾经要求在一定场合要屏住呼吸的民族，其民众居然会这样肆无忌惮放下风。这可能就是容礼失传的恶果。身处大众中，若有下风来，应当尽量克制。如确实不可忍，则要远离大众解决。

思考讨论

有新闻报道乘客在高铁里吃泡面而引起争端。乘坐高铁时，可不可以吃泡面？

链接

赠卫八处士

唐·杜 甫

人生不相见，动如参与商。今夕复何夕，共此灯烛光。
少壮能几时，鬓发各已苍。访旧半为鬼，惊呼热中肠。
焉知二十载，重上君子堂。昔别君未婚，儿女忽成行。
怡然敬父执，问我来何方。问答乃未已，儿女罗酒浆。
夜雨剪春韭，新炊间黄粱。主称会面难，一举累十觞。
十觞亦不醉，感子故意长。明日隔山岳，世事两茫茫。

第九课　色容

色容的"色"指的是人的面部表情。顾名思义，"色容"就是关于人的面部表情方面的礼仪。

面部表情也能成为一种礼仪？是的。什么时候要表情严肃，什么时候要温和待人，面对不同的人、处在不同的场合，色容都是要有所区分的，甚至什么时候可以笑，什么时候不能笑，都有讲究。否则一不小心，就可能因为一个不合适的笑，招来他人的羞辱，乃至酿成祸端。因此，在人际交往的时候，色容的重要性也就不言而喻了。

色容的两大范畴：庄与温

《礼记》说："色容庄。"庄，就是庄重、严肃。孔子说："色思温。"（《论语·季氏》）温，就是温和、柔顺。庄和温，是色容的两大范畴。

庄与温的界限

可能有人会问：既要庄重，又要温顺，这表情到底该怎么做呀？庄和温不是两相矛盾吗？其实不是的，庄和温有各自的适用范围，它们互相调剂、互相补充，并不矛盾。

在中国传统社会里，以家族为界，把社会人际关系进行了内与外的区分——家族外部的人际交往叫做"门外之交"，家族内部的人际交往叫做"门内之交"。"门外之交"是社会上一般人士的交往，需要处处谦让客气，所以色容宜庄。"门内之交"是在家族内部的父母兄弟姐妹以及亲戚们之间展开的，注重的是情感的融洽，不需要太多客套，所以色容宜温。

如果与外人交往时色容过于温，就会有谄媚的嫌疑；如果与家人相处时很严肃，就会让人感觉古板冰冷，家庭内部应有的温暖和乐也就难以持久。

庄与温的应用

具体到生活实践中，庄与温的使用可以根据人伦关系分为以下三大类：

1. 对父母：色容要婉愉

孝是中华民族的传统美德。对于一个孩子来说，在父母跟前，仅仅是"色思温"还不够。那我们该怎么做呢？我们的色容要柔婉愉悦，也就是说要一团和气，心情愉悦，满面春风，这样才能让父母的心得到慰藉、温暖，讨得父母欢心，让他们心情顺畅，自然健康长寿。反之，如果在父母面前"色容庄"，表情严肃凝重，就可能引起父母的担心甚至忧虑，这样又怎么能让父母开心呢？

2. 兄弟相处要色思温，朋友交往要色容庄

"兄弟"其实泛指兄弟姐妹。兄弟姐妹之间的关系是以亲情为主，所以相处之道以和乐为宜，要"色思温"。朋友之间是以道义相交，彼此之间要相互学习相互帮助，如果朋友有做得不对的地方就要指出来，这样才能相辅成仁，所以朋友相交要"色容庄"。所以孔子说"朋友切切偲偲（sī，切切偲偲，相互切责之貌），兄弟怡怡（和顺之貌）"（《论语·子路》），讲的就是这个道理。

当然，如果朋友之间交情很深，色容也宜温。比如韩愈在赠送好友张署的《寒食日出游》诗里，叙述二人交游的离合无常与友情的笃厚，他说"各言生死两追随，直置心亲无貌敬"。"心亲无貌敬"，指的就是两个人内心情谊深切，已经不需要用外在的体貌容仪来表达敬意。这样的原则，我们可以概括为下面一段话："远者以貌，近者以情。"（《大戴礼记·曾子立事》）与关系疏远的人相交，要以体貌容仪来表达敬意。与关系亲近的人，则注重内在真情的流露。因为"门内近，门外远，兄弟近，朋友远"，所以才会有上述色容的差异。

3. 主人色容宜温，客人色容宜庄

我们常说"热情好客"，是说主人款待客人要以仁爱、德厚为宗旨，充分向客人表达热情与善意，所以做主人的总是要充满热情，积极营造让客人舒适的和乐氛围。而客人对待主人的心境却不同，作为客人是要以"义"为宗旨，即便面对主人的热情满怀，也要处处留心，时时克制，不能得意忘形做出失礼的行为。所以主人的热情，客人的克制，表现在色容上，就是一温一庄，这就是所谓的"客气"。

色容的常与变

《诗经·小雅·都人士》说："彼都人士，狐裘黄黄。其容不改，出言有章。"意思是说，有修养的君子在一定的场合下，容色会保持一定的状态不改变。反之，如果场合、情境发生了变化，容色也要加以调整。容色发生变化，叫做"作色"。那么，什么时候需要"其容不改"，什么时候需要"作色"呢？这就要根据场景来区分了。而容色的变换，主要还是在温与庄之间进行调整。

1. 常规社交场合下，色容宜庄重

在常规的社交活动中，场合、情境未发生大的变化，容色一般都要保持矜庄。《礼记·曲礼上》说："将即席，容毋怍。"怍，通"作"，指脸色发生变化。这句话意思是说，当你就座时，不可紧张局促，以致脸色发生变化。坐定之后，也要"坐必安，执尔颜"(《礼记·曲礼上》)，安安稳稳，保持庄重的神色，不随意改变。其他情形，可以依此类推。

2. 常态之外，要根据情境进行变化

如果情境发生了变化，则要主动调整色容。比如平时关系很亲密的朋友，本来色容宜温，但如果看到他身穿丧服，我们的容色也应该变为庄，同时面含哀色表达对朋友悲哀心境的同情。如果看到他身穿盛大的礼服，我们的色容也要变为庄，不可因关系很熟而随便亵慢。再比如我们到别人家去做客，当主人为我们端菜盛饭的时候，我们就不能端坐着无动于衷，而要变色起身，向主人致敬。

很多人都知道"凿壁偷光"的故事。故事的主角匡衡，经过勤奋学习，后成为著名的经学家，做过汉元帝的老师，官至宰相。到了汉元帝的儿子汉成帝继位之后，有一次，匡衡派官大奴询问皇帝起居，官大奴回来禀告说皇帝某时驾到。这时匡衡安坐于位，没有变色改容。大臣王尊就弹劾他对皇帝不敬。匡衡被弹劾后，知道是自身的过错，于是亲自谢罪，归还丞相印绶，等待皇帝的处罚。匡衡正是因为没有随着情境的变化而调整色容，才给人留下把柄的。

不苟笑

笑，一般可以看做是"色思温"的表现。在公共场合，我们应该是会心微笑（莞尔），不可以肆无忌惮地哈哈大笑。有时候，我们不可以沉浸在自己的世界里兀自发笑，因为那是"苟笑"，苟笑就是随便发笑。它可能会让旁人觉得是在讥笑自己，从而招来不满或厌恶。生活中，我们当然不可以讥笑、嘲讽别人。

有些朋友可能会觉得，这样礼仪规定有些严苛了。李延年的《佳人歌》广为人知。其歌词说："北方有佳人，绝世而独立。一顾倾人城，再顾倾人国。宁不知倾城与倾国，佳人再难得。"自此，"倾城倾国"成了女子美貌的代名词。殊不知，一笑倾国是历史上真实的事件。

春秋时期，鲁国的季孙行父头秃，晋国的郤（xì）克目眇（一只眼睛小或者瞎了），卫国的孙良夫腿瘸，曹国的公子手驼背。有一年，他们共同到齐国出使。齐国派秃子迎接季孙行父，派眇者迎接郤克，派瘸子迎接孙良夫，派驼子迎接公子手。齐国的这种举措，已经让他们感到了羞辱。在举行典礼的时候，齐顷公让他的母亲萧桐叔子在一旁偷看。结果，萧桐叔子看到几位使臣秃的秃、瘸的瘸、瞎的瞎、驼的驼，忍不住"噗嗤"一声笑了出来。四位使臣受到了莫大的侮辱，他们聚在一处，暗自谋划组织联军讨伐齐国。不久，就发生了历史上著名的鞌（ān）之战。联军一直打到距离齐国国都五十里的地方，险些活捉齐顷公。这场几乎导致齐国亡国的战争，其导火线正是萧桐叔子的一笑。诗曰："哲夫成城，哲妇倾城……乱匪降自天，生自妇人。"（《诗经·大雅·瞻卬》）萧桐叔子不正是一笑倾人国吗？

思考讨论

在父母跟前和在老师跟前，我们的色容有什么异同？

链接

幼仪杂箴·笑

明·方孝孺

中之喜，笑勿启齿。见其异，勿侮以戏。内既病乎德，外为祸阶。抵掌绝缨，匪优则俳。

第十课　立容

立容，就是站立的礼仪。一谈起立容，我们马上会想起体育课上学过的立正。然而，立正源于西方兵操，近代才被引进中国。那我们中国人传统的立容究竟是怎样的呢？

立容的要点

中国传统的立容，其要点如下：

两足平放，约与肩同宽（不可成八字形）；两肩端平，背部挺直；两手交拱（男生左手在外，女生右手在外）；颈部正直，下巴微颔，正视前方。

这种立容叫做"经立"（也叫正立）。古人一般是拱手而立的，我们今天则可以两手交拱后，自然垂于腹前，这就叫做"垂拱"。

站立时，重心放在两足之间，不可以放在一只脚上，也就是说"立毋跛"（《礼记·曲礼上》）。站立时，若与墙壁等比较近，即使劳累，也不可以倚靠上去。两种行为都要避免，就是"不敢跛、倚"（《礼记·内则》）。

在正立的基础上，腰身微俯约15°，则为恭立（也叫微磬）。腰身俯折45°，则为肃立（也叫磬折。肃立在这里是古代容礼固定的词汇，跟今天的意思不一样，参贾谊《容经》）。微磬、磬折时，颈部都要保持正直，不俯不仰，视线随之自然落在身体正前方。磬是古代一种石制的击打乐器。其形曲折，角度大约为135°。我们俯身45°，则身形曲折如磬，因此称之为磬折。由于俯身15°比磬折的角度小，所以称之为微磬。

立容德

我们正立时，应该有一种大丈夫的气概，身姿威武挺拔。但是，传统的礼仪讲究谦恭，在立容方面，人们一般都是微磬而立。《礼记·玉藻》说："立容德。"德，通"得"，就是从别人那里接受物品的意思。我们接受别人的馈赠，腰身自然会有所俯折，以表示谦卑。立容德，就是说我们站立时腰身要稍俯。这正是谦逊恭敬的姿态。实际上，甲骨文的"人"字（↑），就是一个人拱手微磬而立的侧面形象。据传为唐吴道子所绘的《孔子行教图》，其中孔子的形象也正是拱手微磬。

与人共立，尤其是与师长共同站立时，我们要根据对方腰身俯折的程度来调整自身的姿态。师长正立，晚辈则要恭立。师长恭立，晚辈则要肃立。

玉佩是古人服饰的重要配件。佩玉除了表示德行方面追求温润如玉之外，还有一些实用的功能。其中之一就是与师长共同站立时，我们的视线向下，此时可以根据对方玉佩与身体的关系来判定其腰身俯折的程度，从而调整自己俯身的度数。如果对方的玉佩贴着身体，我们的玉佩则要离开身体。如果对方的玉佩离开了身体，我们的玉佩则要悬垂乃至委于地上。

不立岩墙之下

孟子说："知命者，不立乎岩墙之下。"（《孟子·尽心上》）"岩墙"，就是将要颓倒的墙壁。它有坍塌的可能，所以不应站立在下面。有些地方，有潜在危险，比如建筑脚手架、高悬的广告牌、铁道边、悬崖边。我们站立、行走时，都应该有意识地避开，以免发生意外，酿成悲剧。这是对身体、生命的珍视。

《孝经》说："身体发肤受之父母，不敢毁伤，孝之始也。"我们中国人有一种"宝身全形"的观念，认为身体是宝贵的，应该竭力保全它，不让它受到损伤，此种观念正是出于孝道。俗语说"千金之子，坐不垂堂"，也是出于同样的考虑。垂堂，就指堂边，它的上面就是屋檐。不坐在堂边上，是为了防止屋瓦掉落伤害身体。

不妨碍他人

礼有一个基本原则，即心存他人，对他人予以充分尊重，其最低限度是不妨碍他人。我们站立时，要注意站立的地点，不要妨碍他人。

立不中门

不可站在门正中，一则门中为尊位，二则会妨碍他人。

立不中道

不要站立在来往道路的中央，那样会妨碍他人。

离立不参（通"叁"）

离立，即两人并立。如果两人并立，不要参入其中。那样会干扰他人，同时也有窥探他人隐私的嫌疑。

现代社会，人们自我中心意识很强。礼则要求我们心存他人、尊重他人，最起码是不干扰他人。所以，学习礼仪有助于打破自我中心意识，促进人际关系的融洽与和谐。

父坐子立

如果接待客人，父子均在场，应该是父坐子立：父亲陪宾客坐着，子女恭敬地侍立一旁。汉语把桥梓（也作乔梓）比作父子关系，就与立容有关。

相传，西周初年，周公摄政，伯禽（周公之子）、康叔（周公的幼弟）三次朝见周公，都被周公笞打。他们内心恐惧，就去请教当时的贤人商高。商高说："南山之阳有一种树，叫做桥，你们去看看。"两人到南山之阳一看，果然有树高耸入云。两人回来禀告商高。商高说："桥树代表着父道啊。南山之阴有一种树，叫做梓。你们去看看。"两人跑去，发现梓树俯折屈曲。他们回来禀告商高。商高说："梓树代表着子道啊。"两人这才恍然大悟。次日，他们又去朝见周公，谨守礼仪，周公大悦。大概之前，伯禽、康叔在周公面前昂然而立，有悖于礼，所以才受到笞打吧。

陈寅恪是举世闻名的国学大师，学生到其家中拜访时，他安排学生坐下，自己侍立于父亲身后。此举遂为一段佳话，流传学林。

思考讨论

传统立容与体育课上立正的不同有哪些?

链接

幼仪杂箴·立

明·方孝孺

足之比也如植,手之恭也如翼。其中也敬,而外也直。不为物迁,进退可式,将有立乎圣贤之域。

第十一课　坐容上

坐容，就是端坐时的礼仪。先秦时代，人们席地而坐（在地上敷一张席子，然后跪坐其上），与我们今天的生活形态差异很大。甲骨文"女"字（ ），就是一名女子敛手跪坐的形象。后来，我们的先人从西域引进椅子、凳子，坐的方式有了很大变化。但是，礼仪精神却是相通的。这里我们先来学习独坐、共坐的礼仪。

独　坐

1.坐容的要点

两足平放，约与肩同宽（女子两膝可以稍微合拢）；两肩端平，背部挺直；双手平放于大腿上（女生也可以两手交拱，自然垂于腹前），颈部正直，下巴微颔，正视前方，这就是经坐（也叫正坐）。

在经坐基础上，微俯约15°，视线自然落于前方，则为恭坐。俯折约45°，视线自然落于前方，则为肃坐。

2.坐容禁忌

勿蹲踞

若有椅子、凳子，应该坐在上面。若没有，则可以跪坐，或者盘腿而坐，但不宜蹲在地上。在殷商时代，就把坐姿的不同，看做夷夏之间的区别。甲骨文的"夷"字（ ），是一个人腿部屈折蹲坐的形象。因此，蹲坐也叫"夷"。孔子的老友原壤"夷俟"，蹲在地上等待，结果孔子用杖敲打他的胫部，把他数落了一番，骂他"老而不死"。佛教初入中国，其坐容与中国迥然不同，道士顾欢就以此来攻击他们，说那样是"狐蹲狗踞"，以此排斥佛教。我们今天没有必要那样狭隘，佛教跏趺而坐，自有他们的理据。对佛教等的礼仪，我们应该予以尊重。

勿箕坐

坐时，不要两腿张开如簸箕。由于古人下裳为裙，又无内衣，两腿叉开，非常不雅，是对别人的一种羞辱。荆轲受燕国太子丹之命，前往秦国刺杀秦王嬴政。但刺杀不成，反为秦王嬴政所伤，无法站立起来。他眼看刺杀无望，就做出最后一击，奋力掷出匕首。结果，没有击中秦王，却打在柱子上。此时，荆轲索性依靠着柱子，大笑起来，箕踞而坐，大骂秦王，并分辩说："我之所以未能成功，是因为我想活捉你，逼你退还燕国土地，以报答太子丹的知遇之恩。"箕踞，包含两层意思。一是箕，就是将两腿打开，裆部朝向对方。一是踞，就是蹲坐。两种行为都是不合礼的。荆轲这样做正是为了羞辱秦王。

勿伸腿

坐时，两腿自然收回，小腿与大腿所成角度最好小于90°，不要伸长两腿。

勿摇髀

坐时，不要抖动大腿。俗话说，男抖贫，女抖贱。树摇根断，人摇财散。摇动大腿，是轻浮的表现，不够稳重。

勿叠足

坐时，不要两足交叠。现代社会，女子坐时，常叠两足。根据传统礼仪，那是失礼的行为。

勿错足

安坐时，两足要平放，两膝齐平，不可一前一后。安坐后，脚要定于原地，不可动来动去。否则就是手足无措，显得内心紧张、不安定。

勿交股

坐时，不要跷二郎腿。

3.虚坐与食坐

独坐时，一般用经坐或恭坐，另外还需注意两点。

虚坐尽后（《礼记·曲礼上》）。

虚坐，就是无事而坐（这里，事主要是指饮食）。如果无事而坐，可以稍靠后坐，但也不要完全把座位坐满，以坐座位的二分之一为妥。因为太靠后，或者将身体靠在椅背，则显得懈怠。更不可直接躺倒在座位上，那是极其懈怠的表现。

食坐尽前（《礼记·曲礼上》）。

饮食时，要稍靠前坐，以坐座位的三分之一为妥。但又不可以贴近餐桌，要"敛身离案，毋令太逼"（屠羲时《童子礼》）。这样坐，是为了免得弄脏餐桌、衣物。

共　坐

关于共坐，传统礼仪有一些规定，今天我们应当遵守。

1.并坐不横肱

《礼记·曲礼上》说："并坐不横肱。"并坐，是指两人共坐。肱，是肘到肩的部位。两人共坐，不要将肘部横起来，那样会占据太大的空间，妨碍他人。

2.多人共坐，长者居尊

如果很多人在一起坐，要请其中年龄最大或者最尊的人坐于尊位。《礼记·曲礼上》说："群居五人，则长者必异席。"因为古代一张席子可以坐四个人，所以就请长者独坐一席。现在大都是每人一个座位，多人共坐时，要请长者坐在最尊的座位上。

3.男女不单独屏处坐

传统礼仪重视男女之别，孩子七岁后就不可以男女同席而坐，这就是"七年，男女不同席，不共食"（《礼记·内则》）。这是为了培养男子尊重女子以及女子自重自爱的意识。

年龄再稍长些，男女就不可以单独于屏处坐（屏处，就是有遮拦的地方），因为瓜田李下，难免惹人说些闲言碎语，虽有百口，莫能辨白。费正清在其《中国回忆录》里，记录了他任教清华时，与学生相处的情形，很能说明这个问题。

　　当我在办公时间遇到学生们，男生们就会一跃而起纷纷来找我谈天说地，但是没有太多女生来看我。第一个女生来找我，当我关上门的时候，她立刻显得极为焦虑。有人悄悄告诉我，一个男人和一个女人单独待在一个房间的时候，门总是要半开着的。否则在这种情况下，关着门是一种最坏的暗示。对于这个不幸的女性来说未必是比死亡还要严重的、无法承担的恶名，会带来一种伴随她的余生、认为她做过什么见不得人的事情的猜想，甚至包括上厕所也要受到非议。

关上门，办公室就成了屏处。孤男寡女独处一室，难免令人心生猜想。而这种猜想主要是针对女子，会给女子未来的生活带来很大的压力。因此，为了保护女子，特别有此种礼法。今天，老师也应该注意这一点：女生来访，一定要把门打开来接待。当然，若有第三人在场，且第三者是男子而且已经通人事，则男女可以屏处共坐。如果在场的第三者，只是个懵懂的儿童，男女屏处共坐仍然是不合礼的。

4. 父子不同席

传统礼仪讲究人伦秩序，父子不可同席而坐。有客来访，父坐子立。出外做客，父子均在场时，为人子者不可坦然与父亲并坐。若仅有一桌，即便无法避免父子同席，为人子者也应该主动陪侍末座。

思考讨论

男女为什么不可以单独屏处坐？

链接

幼仪杂箴·坐

明·方孝孺

维坐容，背欲直，貌端庄，手拱臆。仰为骄，俯为戚。毋箕以踞，敧（qī）以侧。坚静若山，乃恒德。

第十二课 坐容下

"雏凤清于老凤声"，是唐人李商隐的名句。这句诗里，"老凤"是指韩瞻，"雏凤"是指韩偓（wò）（韩瞻之子）。一次宴会上，年仅十岁的韩偓即席赋诗，才惊四座，其诗中有句"连宵侍坐徘徊久"，李商隐认为有老成之风，对他格外欣赏，因此把他比作雏凤。跟师长同坐，就与跟一般人共坐不同，我们为表示不敢跟师长平起平坐，所以谦称为"侍坐"。也因此，侍坐的礼仪要比一般共坐之礼有更多的讲究。

侍坐于师长，有很多仪节需要注意。我们为了方便起见，把它分为坐、起、退三大方面来分析。

坐

侍坐时，就座先后、座位尊卑等应该讲求。

1. 就座先后

与师长在一起时，晚辈不宜先落座。师长坐下后，晚辈应该主动站在其侧后方，以备师长使唤（这叫侍立）。师长命晚辈坐下，晚辈推辞一番，才可以入座。长者先，幼者后，是礼的基本原则。

2. 座位尊卑

座位本身有次序，应该辨明尊卑。

两人并坐，若有师长在场，则靠近师长的座位为尊；若没有师长在场，那么面朝南、面朝东，以左侧的座位为尊，面朝西、面朝北，以右侧的座位为尊。

三人并坐，中为尊，右次之，左又次之。若是座位在室内（封闭的空间），则朝门的座位为最尊，背门的座位为最卑。

晚辈坐在卑位，不仅是表明自己的身份，而且含有随时准备为师长奔走效劳的意思。

我们都知道历史上著名的鸿门宴，其座位的安排如下：项王、项伯东向坐（坐西朝东），亚父范增南向坐（坐北朝南），沛公北向坐（坐南朝北），张良西向侍（坐东朝西）。因为宴会在室内举行（封闭的空间），当时的建筑，门户在东南角，所以项王、项伯坐西朝东，就是最尊贵的位置。其次是范增，沛公又次之，张良的座位最靠近门户，地位最卑。本来，沛公来到项羽军中，是客人的身份，应该坐在尊位上。但项羽妄自尊大，心中又正有一团火气，岂能容他如此，遂自坐尊位。

同样是项王，在另一次座位安排上，则用尽心机。楚汉相争时，王陵占据南阳一带。刘邦平定三秦，出关击楚，王陵就以兵附属于汉。项羽为了拉拢王陵，就将其母软禁在军中。王陵的使者来到的时候，项王"东乡（通"向"）坐陵母，欲以招陵"。因为，当时的空间格局，室内东向座位最尊。所以项王假惺惺地做出礼遇王陵母亲的举动，就让老太太坐到最尊的座位上去。不料，王陵的母亲是位贤妇人，深明大义。送使者时，王母叮嘱王陵一心侍奉汉王，然后伏剑而死，以此来坚定王陵追随汉王的决心。后来王陵成为一代名臣。

以上都是封闭的空间，那时的建筑格局致使坐西朝东为最尊。今天我们在室内，则可以以朝门（也即远离门）的座位为最尊，以背门（最靠近门）的座位为最卑。若在相对敞开的空间里，则以正朝南（以敞开的一面为南）的座位为尊，正朝西的座位次之。所以朝堂之上，南面为尊，因为朝堂向南敞开。

若座位并排，不可径直与尊长并坐，要坐到一侧的座位上。这就是"侍坐则必退席"（《礼记·玉藻》）。

3. 毋余席

《礼记·曲礼上》说："侍坐于所尊敬，毋余席。"席，就是座位。古人席地而坐，所以把座位称为席。侍坐于师长，要尽量靠近师长坐，不要在自己与师长间留下空座。对于贤者，我们要持"狎而敬之，畏而爱之"的态度，既要心存敬畏，又要积极主动地亲近他们，向他们学习。如果我们坐得离师长远远的，那就只有敬畏，而没有亲、爱之情，流于疏远了。另外，先近师长而坐，也便于后来者依次入座。

现代生活中，会场往往是一排排的座位，遵循"毋余席"的原则非常重要，这样有利于保持会场的秩序。否则，后来者要插入，势必要麻烦一些人员站起来，引起一阵骚动。

如果是与师长对坐，则要注意座位间保持一定的距离，不要太近。古礼说，"席间函丈"（《礼记·曲礼上》），也就是座位间要能容下一个拐杖的长度。这样是为了便于长者指画。

4. 由下入座

就座时，宜从座位下方入座，落座时宜审慎，内心不要紧张，容色不要变动。到座位后，立定再坐，坐时，不要发出声响。所谓座位的上、下方，通常而言，靠近尊者的一边为上，远离尊者的一边为下。起身离去时，也要从座位下方离座。

5. 坐宜谦卑

坐时，腰身微俯。侍奉师长坐时，腰身的俯折程度要视对方加以调整。这一点也跟立容一样。

起

起，由坐向立过渡的礼仪，也叫做兴。侍奉师长而坐，要适时相机起身，不可泰然安坐。历史上，与此礼仪相关的故事不少。

三国时的名士祢（mí）衡，恃才傲物，得罪了不少人。祢衡自己也深知不为众人所喜，就决定投奔荆州的刘表。在饯别的宴会上，发生了一段小插曲。众人为了报复祢衡，私下相约：祢衡来到时，大家都不起身。祢衡至，见众人皆安坐不起，心里很清楚其缘故，于是故意号咷大哭。众人上前询问其故。祢衡说："我在死尸之间行走，怎么能不悲伤呢？"众人本想报复祢衡，没想到却又被祢衡奚落了一番。

蜀国费祎（yī）也曾遭受过类似的待遇。费祎作为使臣出使吴国。孙权想要刁难费祎，在国宴前，就命令群臣说："使臣到的时候，你们伏食勿起。"费祎至，孙权停止饮食，群臣果然依旧进食，不起身致敬。费祎就嘲笑说："凤凰来翔，麒麟吐哺；驴骡无知，伏食如故。"这里费祎以"凤凰"自喻，以"麒麟"指孙权，把东吴群臣讥讽为"驴骡"。

由这两个故事可知，贵客至，起身相迎致敬是合礼的。否则，就是失礼。那究竟在什么情况下应该起身呢？

侍坐于师长，如果有问题请教师长，应该站起来，不可安坐发问。这是"请业则起，请益则起"（《礼记·曲礼上》）。

侍坐时，见到跟自己同辈的人，不必起身。如果见到尊贵的客人到来，则要起身致敬。这是"见同等不起"，"上客起"（《礼记·曲礼上》）。之所以同辈至不起，是因为礼有一个重要的原则："不崇私敬"。侍奉尊长时，我们的敬意在尊长身上，如果同辈至起身，从尊长一方来讲，就是失敬；从同辈一方来说，则显得谄媚。尊贵的客人来到，师长要起身致敬，我们当然也应该随之起身。刘姥姥第一次进荣国府，正在跟王熙凤谈话时，贾蓉前来借玻璃炕屏。刘姥姥此时坐不是，站不是，藏没处藏，躲没处躲。凤姐笑道："你只管坐着罢，这是我侄儿。"刘姥姥才扭扭捏捏地在炕沿儿上侧身坐下。刘姥姥不清楚贾蓉的身份，不知是否该站起来。王熙凤让她坐下，正合乎见同等不起的礼仪。

侍坐时，"饮食至"（《礼记·曲礼上》），应该起身。即使是一般人，若其端着茶水、食物来到，我们也应该起身相迎。如果安坐如故，则有颐指气使的嫌疑了。此时起身，一则为致谢，二则表示不敢烦劳对方。

侍坐时，师长问起其他问题，应该起身回答。这是"问更端，则起而对"（《礼记·曲礼上》）。

侍坐时，只要师长起身，我们也应该起身。与一般人同坐，也应该如此。

退

侍坐于师长，要适时告退。什么情况下可以告退呢？礼对此有详细的规定。《礼记·曲礼上》说："侍坐于君子，君子欠伸，撰杖屦（jù），视日蚤莫（通早、暮），侍坐者请出矣。"侍坐时，师长打哈欠、伸腰、把玩拐杖、挪动鞋子、看了看时间早晚（或钟表），说明他已经疲倦了。此时，我们应该告退。否则，就是不识趣了。因为很多时候，师长并不好直接开口请我们离去（那相当于下"逐客令"，是失礼的行为），所以会做出一些动作来给我们以暗示。清代官场上，若官长不想再陪客，则举起茶杯，左右侍者就会高喊"送客"。举起茶杯，就是为保证自己不失礼而下达的"逐客"的暗示。

思考讨论

四人侍坐师长于一长桌旁，座位该怎样安排？

链接

小学诗礼·事长

宋·陈 淳

侍坐于长者，必安执而颜。有问让而对，不及毋儳言。
君子问更端，则必起而对。欠伸撰杖屦，侍坐可请退。

第十三课　行容

　　行容，俗称走相，是指行走的礼仪。如果我们留心观察一下，就会发现人们的走相各不相同，有人龙行虎步，有人鹅行鸭步。不同的走相反映出不同的性格。那么，符合礼仪的行容是怎样的呢？下面我们从进退、升降、周旋等三个方面来阐述。

进　退

1.进

　　我们立身行世，应该做到"容止可观，进退有度"（《孝经》）。进是前行，退是却行（向后行）。我们体育课上所学的行走、旋转，跟立容一样，也源于西方兵操。中国人传统的行容如下：

　　行走的起始仪容为微磬而立（亦称"恭立"），即：双足平放，约与肩同宽，两手相拱抱圆，腰身微俯约15°，颈部正直（颈椎与脊柱成一线，不俯不仰），视线自然落在前方。

　　行走时，手臂不要甩动，腰髋不要摇动，肩膀保持平衡不要上下耸动，身体正直，以正常的速度，从容不迫地向前直行。古人行时，多拱手或垂拱，特别强调不能甩动臂膀。在一些重大礼仪场合，尤其是穿着古装时，我们还应该拱手而行。若掉臂摇肘，会给人以"沐猴而冠"的观感。若不着古装，则可以垂拱而行。即便两手自然垂于两侧，也不可大幅度甩动手臂。行走时，如果腰髋摇动，也会显得轻浮。另外，行走时，要从容不迫，不可以匆遽（jù），此即"足容重"（《礼记·玉藻》）。

　　从一周岁左右，我们就开始蹒跚学步，直至行走几乎成为一种本能。但我们大多数人并未真正思考过，不同的场合要采用不同的步法。现在，我们必须弄明白行走时的四要素，才能不失礼于人。四要素是指：步频、步幅、事为的缓急、空间的阔狭。步频、步幅，是我们可以主动调节的。事为的缓急、空间的阔狭，则是客观存在的事实。我们要根据客观的事实，来主动调节自己的步法。事情越紧急，我们的步频越快，步幅越大。空间越狭窄，我们的步幅越小、步频越慢。步频快、步幅大，主要是因为尊敬对方，不敢怠慢。步幅小、步频慢，主要是出于慎重的考虑。掌握了这一点，在生活中就可以灵活运用了。

在古代礼仪中，"行"相当于我们现在的"走"；"走"，则相当于现在的奔跑。而疾行曰"趋"，其速度介于"行"与"走"之间。

前行的步法，从步频方面来讲，主要可分为"行"（又可名为"步"）与"趋"两类。"趋"，又可细分为徐趋、疾趋两种。徐趋，相当于碎步小跑。疾趋就是"走"（奔跑）。

若根据步幅，前行的步法可以分为接武、继武、布武三种。接武是每次跨出半个脚印的距离；继武是每次跨出一个脚印的距离；布武也叫中武，是每次跨出隔一个脚印的距离，也就是正常的步幅。行、徐趋均有三种步幅。疾趋既然是跑，则一般步幅相对较大。

综合来看，前行就有七种步法了。七种步法中，徐趋最值得反复体味。因为，趋本是疾行，为的是不敢怠慢，是要致敬。徐，则又要有所节制，不可太快，为的是要慎重。可以说，徐趋这种步法，是敬、慎两种精神共同作用的结果。

下面，我们聊举数例，对步法略作说明。路遇师长或经过师长身边，要趋。若跟师长之间隔着帷薄，经过时，则不需要趋。因为既然看不见尊者，行走可以自由。"堂上不趋"（《礼记·曲礼上》），因为空间迫狭。"执玉不趋"（《礼记·曲礼上》），因为玉器贵重易碎，需要小心谨慎。其他情况，我们可以以此类推。

中国人特别爱玉，认为君子应该温润如玉，因此"君子无故玉不去身"（《礼记·玉藻》）。玉佩不仅有衡量腰身俯折程度的妙用，还可以节制行步。君子所佩之玉，分别合乎徵（zhǐ）、角、宫、羽之声。君子行走时，佩玉相互撞击，铿锵作响。这样，根据玉佩的鸣声，就可以节制自身的步法。一个人因其社会地位（爵位）不同，在同一礼仪场合的步法就不同，所佩之玉的形色、质地也不同，玉佩发出的鸣声就有区别。所以，一旦其爵位发生了变化，步法随之改变，而所佩之玉也要改换，这就叫做"改步改玉"。

2. 退

《礼记·曲礼上》："遭先生于道，趋而进，正立拱手。先生与之言则对，不与之言则趋而退。"路上偶遇师长，要趋而进，来至师长前，恭敬地站着，以备教使。如果师长跟我们说话，则如实应对。如果师长没有跟我们说话，则趋而退下。退，是指却行数步之后，再转身离开。不可直接转身离开。因为，我们直接背对着他人是不恭敬的表现。有一次，程颐到一古寺庙，坐时不背对佛像。人问其故，程颐说，只为它有个人形，亦须致敬。背对他人，不论是立、坐，还是行走，都不合礼。行走时，又不可全部却行，所以往往向后退数步即可。

子女早上侍奉父母，进献美食，一定要等父母品尝后，才可以退下。人子在父母面前却行，理所当然。历史上却出现过人父在人子面前却行之事。这是怎么回事呢？刘邦做了皇帝后，五日朝见一次太公（刘邦的父亲）。太公家令对太公说："天无二日，地无二王。皇帝虽是您的儿子，但贵为人主。太公您虽是父亲，但仍是人臣。怎么可以让人主拜人臣呢？这样的话，有损皇帝的威严。"后来，刘邦再去朝见太公，太公"拥篲（扫帚），迎门却行"。刘邦虽然表面上不以为然，心里却赞赏家令之言，赏赐给他黄金五百斤。据礼来看，家令的这番劝谏，大悖人伦之道。

3. 共行

与人共行，就有先后、秩序等需要讲究。

两人共行，不外乎下面三种情况：

父之齿，随行（《礼记·王制》）

齿，是年龄的意思。对方年龄与自己的父亲相当，行走时，应该跟随在他的身后。

兄之齿，雁行（《礼记·王制》）

对方年龄与自己的兄长相当，行走时，应该像雁阵那样（人字形），跟在他的身侧稍后。西方人曾观察到清末中国人的礼仪："走路时，年轻一点的一定要跟在年长的同伴之后，保持一步之遥，决不可并排而行，否则会被视为失礼，不成体统。"（余恩思《汉人：中国人的生活和我们的传教故事》第三章）跟在对方身后，不宜落下太大的距离，一般保持在一至两个身位之间。

朋友，不相逾（《礼记·王制》）

与同龄人同行时，不要争抢着走在前面，就可以了。

这些礼仪，都是尊敬对方、自身谦虚的表现。

若是多人共行，应该遵守下面的礼仪：

三人不并行

三人不可以并排而行，要按照年龄长幼排成雁阵或一队行进。因为三人并行，会占据太多的空间，妨碍他人。三人以上，排成雁阵也不合宜，最好是排成一队。

两人不穿行

行走时，如果看到两人并排站着，或并排行走，此时不可从两人中间穿插而过，因为这样的行为是对他人的干扰。

相向而行

两人相向而行时，一般应该"交相左"，从彼此的左手边走过。因为，我们的右手更具有攻击力，从对方左侧经过，就不会让对方心生疑虑。既然"交相左"，那自然是要靠路的右侧行走了。若是学生在过道里遇到老师相向而行时，学生应该退至一侧恭立，请老师先走。

升　降

升阶之法有四种：连步，栗阶，历阶，越阶。

连步分为两个步骤：第一，涉阶聚足，是指上台阶时，前足先跨上一个台阶，后足并上来（此为"聚足"），如是立定；第二，连步以上：前足再跨一个台阶，后足再并上来，如是依次登上台阶。连步的关键是"足相随，不相过"，每次只升一个台阶。传统礼仪中，正式行礼时一般都要用连步。

栗阶，又叫"散等"，是指登第一个台阶时，聚足连步，其后则升两个台阶，不再聚足连步。这样的步法比连步速度要快，所以凡是在表示不敢怠慢的场合，应该采用这种步法。

历阶，是指从下至上，都跨两级，不连步。晋平公时代，晋国主政大臣荀盈新丧，晋平公却和臣子一同饮酒作乐。杜蒉（kuài）觉得此举非常失礼，立即谏止，于是"历阶而升"。所以历阶，作为更迅速的步法，只有在事情比较紧急时采用。

越阶，又称"蹞阶"，是指非常匆遽，一次跨越好几个台阶。赵盾是晋襄公、灵公、成公时代的执政大臣，权倾朝野。晋灵公欲除之而后快。有一次，灵公设宴招待赵盾，想趁机杀掉他。宴会上，灵公对赵盾说："听说您的剑非常锋利，请借我观赏。"赵盾起身，正准备献剑，其侍从祁弥明在堂下高声喊道："赵盾你酒足饭饱就应该告辞，何故在君主面前拔剑！"赵盾顿时醒悟过来，于是"蹞阶而走"。灵公就嗾使其獒追赵盾。祁弥明迎上前去，一脚踹断了獒的脖子。赵盾回头说："主君您的獒不如臣下的獒凶猛啊。"赵盾落荒而逃，自然一步跨好几个台阶，不会再历阶。越阶是在情势最紧急时才会用的步法。

以上四种升降台阶的步法，由舒缓渐趋急迫。今天，有些重大礼仪场合升降台阶时，还应该郑重其事，如祭孔时，则升降连步。而在一些隆重场合，为了表示恭敬而又不敢怠慢，则应当栗阶。历阶、越阶，若非事态紧急，会让人觉得轻浮不稳重，所以一般不采用。

周旋、折旋

旋，是"转"的意思。周旋，是反行，即向相反的方向行走。折旋，是曲行，即折向旁边行走。《礼记·玉藻》说："周还中规，折还中矩。"还，通"旋"。向反方向行走，足迹要走成一个圆弧形；向旁边走，足迹要走成一个矩形（直角）。旋，又可分为左还（旋）、右还（旋）。我们体育课上所学习的向左转、向右转，来源于西方兵操。礼中的左还，是指旋行时，左脚在外，向自己右侧转行，走出一道弧线。右还，则是旋行时右脚在外，向自己左侧转行，走出一道弧线。如今，在日本的弓道里还有些周旋、折旋的影子。在一些重大礼仪场合，旋转时，我们还是应该讲究一些。

思考讨论

传统行容的步法与体育课上所学的步法有哪些不同？

链接

幼仪杂箴·行

明·方孝孺

步履欲重，容止欲舒。周旋迟速，与仁义俱。行不畔乎仁义，是为坦途。

第十四课　手容

　　我们可能会有在师长面前手足无措的经历，不知道手、脚应该如何安放。这是因为没有学习手容、足容的缘故。足容，属于行容，前面我们已经讲解过了。手容，就是关于手的礼仪。手容包括如何措手（安放手）、执持、授受等内容。下面我们将逐一进行介绍。

措手：手容恭

　　手容恭（《礼记·玉藻》），是安措双手的基本要求。何谓手容恭呢？古人站立时，一般要拱手而立。古人说"立则磬折，拱则抱鼓"（《韩诗外传》卷一），即拱手时，要求正而高。正，是指两臂端平成圆形，放于胸前正中。高，是指拱手高度与心齐平。这种拱手之礼，起源非常早，根据文字资料，可以追溯到商代。甲骨文有 𦥑 字，隶定为廾（gǒng）。《说文解字》："廾，竦手也。"廾、共、拱实际上是同一个字不断累增声符、形符。拱手，是一种时刻准备被任使的状态。在一些重大礼仪场合，若身着古代礼服，还是需要拱手而立。若穿着现代礼服，则要垂拱，即把拱持的双手，自然垂于腹前。垂拱是相对放松的状态，所以有"垂拱无为"之说。不论是拱手，还是垂拱，一般情况下，都是男子尚左（左手在外），女子尚右（右手在外）。若家中有亲人去世，也就是处于凶时，拱手则与吉时相反，男子右手在外，女子左手在外。

　　以上是站立时的手容，若是坐时应该如何呢？我们仍然可以从甲骨文里得到启示。甲骨文 𠨰（女）字是一位女子敛手垂拱而坐的形象。又有 𠂪（卩）字，是一名男子跪坐的侧面形象，其手不敛，应当是自然平放于大腿上。我们今天虽然已经不再跪坐，但高坐于椅凳上时，双手还是应该这样安放。

　　手容恭，还意味着双手不可以妄动，不可以用指甲刻画地面、墙壁、衣服，也不可以弄手，如攥（zuàn）手使响、扳手指、抠指甲、扯袖子等。《朱子语类》卷第一百一十四《训门人二》记载了朱熹教诲弟子"九容"时的情形。

> 陈才卿亦说"九容"。次早，才卿以右手拽凉衫，左袖口偏于一边。先生曰："公昨夜说手容，今却如此！"才卿赧然，急叉手鞠躬，曰："忘了。"先生曰："为己之学有忘耶？向徐节孝见胡安定，退，头容少偏，安定忽厉声云：'头容直！'节孝自思：'不独头容要直，心亦要直。'自此便无邪心。学者须是如此始得。"

陈才卿刚讲说过"九容"，第二天见朱熹时，手就不自觉地扯了扯袖子，致使左袖口不正。朱子抓住此契机，对他进行了一番教育。此时的一番话，一定比平时苦口婆心更为深切有效。

还有一些手势是不雅的，应该避免。不可以用手指指人。俗话说："千夫所指，无病而死。"这句话表明，为人所指，将有不好的结果。所以，以手指指人是不合礼的行为。我们要指示他人时，应该舒掌相示，不宜以指或拳指示人。不可以向别人竖中指。竖中指，源于西方，是一种侮辱性的动作，我们不应该做此手势。

执 持

执持物品要恭敬，又要谨慎。一般来说，有四条原则应该遵循，恭敬、谨慎各有两条。执持物品，表示恭敬的两条原则如下：

奉（通"捧"）**者当心**（《礼记·曲礼下》）
双手捧持物品时，手的高度要与胸口齐平，不可低于胸口。

提者当带（《礼记·曲礼下》）
提携物品时，手的高度要与腰带齐平，不可低于腰带。

捧持时与心齐平、提携时与带齐平，是恭敬的表现。若捧持时低于心，提携时低于带，都是懈怠不敬的表现。如果物品非常贵重，我们为了表示充分的敬意，腰身要俯折（保持鞠躬状态），双手捧持的高度还要超过心。

执持物品，表示谨慎的两条原则如下：

执轻如不克（《礼记·曲礼下》）

克，是"胜任"的意思。执持轻微的物品，也要谨慎，小心翼翼，就像执持沉重的物品一样，好似不能胜任。孔子在外交场合，捧持代表国家权力的玉圭，"鞠躬如也，如不胜"（《论语·乡党》），正是极为敬慎的表现。

执虚如执盈（《礼记·曲礼下》）

虽然是空虚的器物，执持时也要像盛满东西时一样小心谨慎。

我们可以交替执持一重、一轻两种物品，来体会执轻如重的感觉。然后，分别执持空虚、盈满的器物，来体会执虚如盈的感觉。我们可以执持满满一杯水行走，保证不洒落一滴水，以体会谨慎之意。

授　受

礼中有三种授受方式：并授受、讶授受、奠授受。

1. 并授受

递送物品时，两人面朝同一方向，叫做"并授受"。并授受时，"授由其右，受由其左"（凌廷堪《礼经释例》），也就是说授者站在右侧，受者站在左侧。

2. 讶授受

讶，是迎的意思。两人面对面授受，叫做"讶授受"。这是我们生活中最常见的授受方式。讶授受对面位没有特别要求，视实际情形而定。

3. 奠授受

我们常听说一句话，叫做"授受不亲"。授受不亲，是指一般情况下，男女之间不可以亲手传递物品。若确实需要传递物品，就要用奠授受。奠，是放置之意。授受时，授者将物品放置于地，然后受者取去。传统礼仪，人们（尤其是男女之间）行礼时要保持一定的距离，避免身体的接触。古礼规定，除了在祭礼、丧礼中，男女一般不亲手传递物品。男女若要传递物品，则要有个媒介——筐筐（fěi）。女子用筐捧持或承接物品。如果没有筐筐，一方要先把物品放在地上，另一方再从地上把物品取走。（非祭非丧，不相授器。其相授，则女受以筐。其无筐，则皆坐，奠之，而后取之。《礼记·内则》）这就是奠授受。地位尊卑不同，传递物品时，也要用奠授受。士大夫初次拜见国君，其传递礼品的方式，即为奠授受。《仪礼·士相见礼》："士大夫则奠挚，再拜稽首；君答壹拜。"士大夫与君之间，尊卑不等，因此传递物品时，要奠于地，再由君的侍者取去。这是表示不敢直接与君行对等的礼仪。

并授受、讶授受都是尊卑相当的人所行对等之礼，奠授受是男女或尊卑不对等的人之间传递物品的礼仪。现代社会，人与人之间平等，男女平等，似乎不再需要奠授受。其实不然，男女方面，我们确实没有必要像古代那样严格要求男女授受不亲，但授受时还是当注意不要触碰到对方的肌肤。人与人之间虽然平等，但还是有社会地位、德望方面的差异。我们携带礼品，去看望地位尊崇、德高望重的人，恭敬之心油然而生，往往不直接将礼品递送给他，而是放置在地上。这不正是奠授受吗？我们之所以不由自主地这样做，那是因为，在我们内心深处会觉得此时递交给对方，对他来说，是一种烦劳，内心的敬意不容许我们这样做。当然，若是传递其他办公用品、文件等，为了直接方便对方，还是讶授受为宜。

授受时还有一些事项需要注意。

1.授受不游手

游手，就是"单手"。不论是授者，还是受者，传递、接受物品时都要用两只手，不可只用一只手。因为，不论是单手授，还是单手受，都是傲慢的表现。

2.授立不跪，授坐不立（《礼记·曲礼上》）

递送物品时，如果对方站立，自己就不要坐下来。如果对方坐着，自己就不要站立起来。授者要充分考虑到受者的方便，不要烦劳对方。但是也有特殊情况。如果对方天生身材短小，则可以坐下来递送。此时，若仍站立，不免有居高临下，傲慢之嫌疑。

3.授首不授尾

凡有首尾的物品，应该将头部朝向受者，不可将尾部朝向受者。这是对对方的尊敬。若传递文字材料，文字要朝向受者，便于对方阅读。这是为了方便对方。

4.授柄不授刃

凡有刃的物品，传递时应该将把柄递给对方，而将刃部朝向自己。这是为了对方安全的考虑。

5.授犬宜左牵

若是将动物交给对方，则要根据动物能否噬咬人来作区分。马、羊等不会咬人，可以正常用右手牵着，然后递送给对方。若是狗，则要用左手牵着，递给对方。这样右手可以相机护持，防范它咬人。

思考讨论

如果要递给老师一本书，怎样做才合礼？

链接

君子行

三国·曹 植

君子防未然，不处嫌疑间。瓜田不纳履，李下不正冠。
嫂叔不亲授，长幼不比肩。劳谦得其柄，和光甚独难。
周公下白屋，吐哺不及餐。一沐三握发，后世称圣贤。

第十五课　拜容

不同民族，人与人相见致敬的方式各有不同，有的拥抱，有的碰鼻，有的握手，有的礼足。近代以来，西式握手逐渐流行。我们传统的相见致敬方式有哪些呢？本课主要来讨论这个问题。

拜容，主要是指人与人相见致敬时的身体礼仪。晚清以来，随着西方对中国的一波又一波冲击，国势日颓，国民渐丧失文化自信，认为西方的生活方式是文明的、开化的，中国传统的生活方式是落后的、野蛮的。因此，晚清、民国期间对拜容多有调整，有些甚至是违背传统礼仪原则。如民国初年，参议院议决的礼制中，第一章《男子礼》规定"男子礼为脱帽鞠躬"、"常相见用脱帽礼"。相见脱帽源自西方。在中国礼俗中，脱帽是非常严重的事情，只有在居丧初期才不着冠，或者只有表示谢罪时才免冠。或许因为脱帽致敬太过西化，终于没有沿袭下来。然而，鞠躬取法日本，却是民国留给我们的一份遗产，至今影响着我们的生活。

作礼方式

中华传统礼仪相见致敬，与其他民族的一大不同，就在于强调行礼者之间保持一定距离，避免肢体或肌肤的接触。相见致敬，可以简称"作礼"。传统礼仪，作礼主要是通过身体某个部位的屈折来表现的。根据屈折的身体部位，作礼大致可分为三类：曲颈、折腰、屈膝。下面，我们将逐一介绍，并分析握手的功能。

1.曲颈

主要是颔首。颔首也就是点头。我们知道"点头之交"是指交情很浅，见了面，不过是彼此点点头致意而已。由此可见，颔首一般用于交情较浅的人之间。另外，如果距离较远，或在车上等不方便行礼，往往不得已而颔首致敬。

2.折腰

主要有拱手、叉手、作揖、鞠躬。拱手，本是站立时的手容。叉手，则是指拱手的过程。但后来，拱手、叉手逐渐与作揖相合，成为一种致敬的礼仪。作揖，历史比较悠久，早期称为长揖。鞠躬本来只是身体保持曲折的状态，后来也演变成表示致敬的动态礼仪。我们今天与人相见，可以拱手，也可以鞠躬。

拱手礼

先正立，男子以左手抱右手，然后引手向下，腰身同时俯折，保持少顷（约两三秒），即恢复正立状态。

鞠躬礼

先正立，两手垂拱（日本人鞠躬时把两手垂在身侧，与古礼不合），腰身俯折，保持少顷（约两三秒），即恢复正立状态。

不论是拱手，还是鞠躬，我们可以根据腰身俯折的程度，将其分为三个层次：腰身俯折15°（或不大于30°），称之为"微磬"；腰身俯折45°（或不超过60°），称之为"磬折"；腰身俯折90°，称之为"矩折"。腰身俯折程度越深，敬意越深。

一天之中，初次见面或最终告别，要行拱手礼或鞠躬礼致敬；中间没有隔多久而再相见，则可以颔首致意；一天中初见后，过了许久才相见，则仍宜拱手或鞠躬。一人向众人致敬时，要行三次礼，分别向中间、右边、左边行礼，然后朝向中间立定。

3.屈膝。

主要是指跪拜。跪拜的形式有很多种，这里我们只介绍顿首。这是因为，第一顿首见于礼学经典，第二仍然适用于当今社会。

跪拜的基本程序是：跪，拜，兴。如何跪、兴呢？跪的起始姿势是微磬而立，跪时，揄右而下，即先屈右腿，左腿与之并齐，双足竖起，大拇指抵住地面。双腿跪下后，上半身保持直立，然后臀部坐于脚后跟上。兴时，则要先直起上半身，然后进左而起，即先起左腿，右腿再起，兴的终结状态是微磬而立。这里要特别注意，跪时先屈右腿，兴时先起左腿，不要同时屈（那样不易保持身体平衡），也不可以颠倒左右次序（明代有些礼仪书规定先跪左腿或两腿齐跪，那是不合我们的文化传统的）。下面再讲拜的仪节。跪下后，两手相拱（男尚左，女尚右），然后引手据地，再引头至手前的地面，一叩首即起，如是称为"顿首"。

传统礼仪，一般拜两次，称之为再拜。明代永乐帝认为孔子是至圣先师，祭孔时再拜不足以表达内心的敬意，又加倍而为四拜。后来，子女拜父母也演化为四拜。

现代社会，很多人认为跪拜是奴性的表现，其实不然，因为在《礼经》中天子答臣拜时，也是要跪拜的。作为天下至尊，天下共主，天子这样做难道是奴性的表现？他还要臣伏于谁呢？现代社会一般人日常相见，当然可以不再跪拜。但若是重大祭祀活动，如祭祀孔子、祭祀黄帝，以及家族祭祖，年节、婚礼拜父母，还是应当行跪拜大礼，来表达我们内心的敬意。而且最好是四拜或再拜，才合乎我们的文化传统。

三鞠躬是民国初年制定的，它不太合传统礼仪的原则。因为传统礼仪中，一人向众人拜才三拜。个人与个人之间，一天之中初相见再拜，中间再相见则一拜。如果我们不论何时都三拜（或三鞠躬），就扰乱了传统礼仪的结构。四拜则还说得过去。

握手致意，是现在国际通行相见礼。握手自古有之，又称执手，然而作为相见或道别的礼仪，握手所要表达的并不是敬意，而是欢情，因此有"握手言欢"之说。唐君毅先生对此有深刻的洞见，他说："中国人则于任何人与人之关系，皆爱中济以敬。敬非只使人与人间有一距离，亦是开拓爱之境界。握手示爱，则二人相接；拱手，则二人间若有一天地。"示爱，确实是握手的作用。中国人毕竟讲究"爱中济之以敬"，所以握手只是用在关系亲密的人之间。也许正是由于这个原因，西方握手礼在晚清传入中国时，才被称为拉手，并被当做稀奇的事，一时难以为人们所接受。

春秋时期，卫献公曾被迫去君位，流亡在外十二年。后来，得以回国复位。他回国时对臣子的致意各有不同："大夫逆于竟者，执其手而与之言。道逆者，自车揖之；逆于门者，颔之而已。"（《左传》襄公二十六年）对到国境上迎接他的大夫，卫献公执手跟他们热聊；对半道来迎接他的大夫，卫献公仅在车上对其作揖（即"拱手"）；对在城门迎接他的大夫，卫献公仅颔首致意。卫献公这番举动，足以说明执手、颔首、作揖作为相见礼所表达意义的差别。

作礼先后

人与人相见，谁先作礼呢？一般是年齿幼、地位卑者先作礼。如果年齿相近，地位相当的人相见，则应该各自主动先致敬。

作礼与否

相见作礼，固然是懂礼的表现，但有些场合不宜作礼。如果在不宜作礼的场合贸然作礼，则为失礼。下面几种情形不宜作礼：

1.用餐不作礼

如果对方正在用餐，我们不宜向对方作礼致敬。

2.如厕不作礼

如果我们去厕所，遇见尊长，不宜向对方作礼，也不宜受人礼。

3.浴室不作礼

在浴室里，遇到尊长，不宜作礼。

这几种情形，或者是会给对方带来不便，或者非行礼的场所，或者彼此不净（人际交往中，洁净是一重要原则），所以都不宜作礼。这样的情况下不作礼，不算失礼。简言之，对方身体不净时，不宜向他作礼。自身不净时，不宜向别人作礼。秉持这个原则，我们就能判断有些情形该不该作礼了。比如，师长在理发，我们就不宜上前作礼。

礼无不答

礼尚往来，所以对于别人的致敬，我们一般都要报以同等的敬意。这就叫做"礼无不答"。哪怕是贵为天子，都必须遵循这个原则。只有一种情况，我们可以不答礼，就是表示不敢接受对方的礼敬时。如果师长主动先向我们作礼，我们不敢当，在他行礼时，就要稍后退，避到一旁，以示不接受他的作礼。尊者礼毕，我们可以不答礼。如果答礼，就表示我们已经接受了他的礼敬。那样反而失礼了。

思考讨论

跪拜是不是奴性的表现？我们对父母应不应该跪拜？

链接

幼仪杂箴·揖

明·方孝孺

张拱而前，肃以纾敬。上手宜徐，视瞻必定。勿游以傲，勿佻以轻。远耻辱于人，动必以正。

幼仪杂箴·拜

明·方孝孺

古拜有九，今存其一。数之多寡，尊卑以秩。宜多而寡，倨以取祸；宜寡而多，为谄为阿。以礼制事，不爽其宜。

第十六课　服饰之容

中华文明自古被誉为衣冠文明，历朝历代都制定有严格而完善的服饰制度，因此，服饰方面的礼仪也极为严格。一个人的服饰应该与礼容相称，所谓"君子服其服，则文以君子之容"（《礼记·表记》）。其实，服饰本身就是容礼非常重要的一部分。下面，我们就来学习基本的服饰之礼。

衣着宜整洁

衣着整洁是服饰礼仪的基本要求。整，就是严整。洁，就是干净。穿衣时，应该先提起衣领，轻轻抖擞一番，然后再穿上。穿衣时，要将纽扣全部扣好，不可有所阙落。衣服穿好后，手不可以蜷缩在袖筒里。

朱熹《童蒙须知》说："男子有三紧，谓头紧、腰紧、脚紧。……此三者，要紧束，不可宽慢。宽慢，则身体放肆，不端严，为人所轻贱矣。"头紧，是指帽子要戴紧戴正，不可歪戴。腰紧，是指腰带要束紧，不可松垮。纽扣或拉链也要拉紧，不可袒胸敞怀。脚紧，是指鞋袜要穿紧。后来《弟子规》将这段话概括为："冠必正，纽必结。袜与履，俱紧切。"

以上是整齐。关于这一点，我们有必要讲一讲先贤子路的故事。仲由，字子路，比孔子小九岁。子路本是卞地的野人，野人就是没有文化的人。史书记载，子路喜欢"冠雄鸡，佩豭（jiā，公猪。）豚"，大概是头上插根野鸡毛，腰间佩带着野猪牙。野鸡、野猪生性都好斗，因此子路以此来标明自己的勇武。由此可见，其为人粗鄙。子路曾陵暴孔子（大概从武人的角度看不上孔子的做派），而孔子则设礼慢慢地引导子路。最终，子路心悦诚服地拜孔子为师，而且成了孔子的"护法"。孔子曾说："自吾得由，恶言不闻于耳。"（司马迁《史记·仲尼弟子列传》）后来，在卫国内乱中，子路勇敢赴难，遭到围攻，冠缨被击断。子路说："君子死，冠不免。"（《史记·仲尼弟子列传》）于是，他郑重系好帽带，遂被敌人杀死。

英勇赴难，现代人多少还可以理解。结缨而死，有不少人可能要表示非议，甚或认为愚蠢。这里有必要解释一下。按照礼仪的规定，成年男子必戴冠，只有居丧或谢罪时，才免冠，这是服饰之容。子路这样庄严而死，正是对礼仪的持守遵循。孟子说："生亦我所欲，所欲有甚于生者，故不为苟得也；死亦我所恶，所恶有甚于死者，故患有所不辟（通避）也。"（《孟子·告子上》）对子路来说，礼就是比生命更重要的东西。这样的行为，是用生命来证成礼仪，难道我们不应该对他肃然起敬吗？

用餐时，不要污染衣服。走路时，要小心照看，不要沾染泥渍。盥洗时，以巾遮护领口，卷束起袖口，不要打湿衣服。劳动时，要脱去外罩，只穿着短便的衣服。白天所穿衣服，夜卧必须更换成睡衣。如果衣服有泥垢油腻，应该及时浣洗。衣服绽裂，不妨缝补。以上都是要保持衣服的洁净。

衣着宜合乎身份

传统社会有严格的服饰体系，不同身份的人穿着不同等级的衣服，不可紊乱，不容僭越。现代社会不必有那样严格的等级，但衣着还是要与身份相合。

《弟子规》说："衣贵洁，不贵华。上循分，下称家。"这是讲衣着方面不应追求奢华，只要合乎身份即可。穿着衣服以整齐干净为美，不要追求什么名牌。上循分，指服饰方面的上限，最好不要逾越自己的身份，过于奢华。下称家，指服饰方面的下限，跟家庭的经济状况相当即可。在衣着方面，一般人的追求是夏天轻而凉，冬天轻而暖。

子路穿着朴素而沉重的"缊袍"（用麻线的絮头充实的袍子），与穿着裘皮大衣的人站在一起，脸上没有任何惭愧之色，因为他内心饱满，并不在乎外在衣着的贵贱。

孔子的另一位弟子原宪也拥有这样的品格。原宪高尚其志，隐居不仕，生活常常陷于困窘的状态，但他安贫乐道，不以为意。孔子的另一位弟子子贡，为人精明，从事商业，富可敌国。有一天子贡想起原宪，就去拜访他。子贡身着华服，坐着四匹马拉的车子，带了一队人马，浩浩荡荡地来到原宪的住处——木篱蜗舍，非常简陋。原宪整理好破旧衣帽出来会见子贡。子贡感到奇怪，就问道："唉！你怎么病到这种程度啊？"原宪说："我听说：没有财产叫做贫，学习道义而不能践行叫做病。像我这样，是贫，不是病啊。"子贡一听，顿时羞愧难当。自此之后，他一生都因为这次失言而感到羞耻。

"原宪贫"与"颜回乐"一样，都是安贫乐道的典型。《论语·里仁》说："士志于道而耻恶衣恶食者，未足与议也。"一个人如果有了高远的追求，又怎么会斤斤计较衣食的粗恶呢？

古礼对童子之服有特殊规定，如"童子不衣裘裳"（《礼记·曲礼上》）、十岁"衣不帛襦袴"（《礼记·内则》）、"童子不裘不帛"（《礼记·玉藻》）。裘，是皮衣，裳，是下衣，帛是丝绸。皮衣以及用丝绸制作的襦、袴等，保温程度非常好。现代人觉得小孩子不应该受冻，于是给他穿上皮衣、羽绒服，觉得暖暖的才放心。然而这却是违背养生之道的。为什么呢？童子本身火气就旺盛，如果再穿裘、裳，则会伤其阴气。阴阳之气不能和谐，身体就会孱（chán）弱易病。常有新闻报道日本的儿童穿着短裤在雪中锻炼。有些人觉得太过残忍，实际上其中自有逐渐推行的方法。行之以渐，既可以锻炼筋骨，又可以磨练意志，完全合乎中医的说法。

另外，学习期间，学生应该在德行、学问上争高低，不应该在服饰方面相互攀比。古人说："童子幼年，不可衣之罗绮裘裳，恐启其奢侈之心，长大不能改也。"（唐彪《人生必读书》，收入陈宏谋《五种遗规·教女遗规卷之下》。）为人父母者对孩子的成长负有教养之责，不可不慎。

传统社会，童子之服与成人之服有明显的区别。老莱子彩衣娱亲，彩衣即属于童子之服。现在，我们学习西方，童子也都西装革履，与成人无异。这真是孔子所说的"欲速成者也"（《论语·宪问》）。这样做显然不合礼。因为，童子年龄尚幼，心智还不成熟，不具备一般社会交际的资格，又何必让他穿上跟成人一样的礼服呢？

衣着宜合乎场合

不同的场合，要穿不同的衣服。这里我们要掌握服饰的吉、凶之分。所谓的吉，是指平常状态以及喜庆的事情。凶，则是指遭遇变故，如丧事。

吉服、凶服有很多区别。吉服，一般用精细的麻布或丝帛制作。凶服，用粗疏的麻布制作，所以服丧被称为披麻戴孝。吉服、凶服在颜色上也存在区别：玄主吉，素主凶。吉服多为黑色，凶服多为白色。我们参加婚礼，按古礼，就不宜穿着白色的服装。婚礼穿白纱，是近代由西方传入中国的，与中国礼仪原则相悖。

吉凶服饰的区别还有：有些凶服（如为父亲所服丧服）的衣缝线脚朝外，吉服一律朝内。有些服装设计者为追求款式新颖，将衣服或鞋子等设计成外缝，殊不知那是凶象，不合礼仪。另外，吉服上往往有一些图案修饰，称为文章。凶服上没有修饰，但正对着心的部位有一小块白布，称为衰（cuī），背后有一大块白布，称为负。有些服装设计师，在上衣背后添加一块白布（或黑布），或者胸口处商标过大（或者添加白布、黑布）。这些也是违背传统礼俗的，同样属于凶象。

我们虽然已经没有传统社会那样严密的服饰体系，但生活中还是要略作区分。比如，不可以直接穿着居家休闲的服饰，出门见人。《论语》记载，孔子夏天闲居时，穿着凉快的单衣，出门时，"必表而出之"，即再加上一件正式的上衣。我们现在常会看到一些人穿着拖鞋、睡衣就上街去，夏天甚至赤膊上街，这些都是不自爱、不自重的行为。礼中规定："劳毋袒，暑毋褰（qiān）裳。"（《礼记·曲礼上》）虽有疲劳之事，也不得袒露身体。夏暑炎热，而不得掀起衣服取凉。在正式的场合，也不宜穿着奇装异服。

更衣至屏处

如果需要更衣或脱衣，要到更衣室。如果没有更衣室，则要到屏处。即便是在室内更衣，也要将窗帘拉上。在大庭广众之中，众目睽睽之下，更换衣服或脱衣服，都是不自重、不自爱的行为。

妥善安置衣服

朱熹《童蒙须知》说："凡脱衣服，必齐整折叠箱箧中。勿散乱顿放，则不为尘埃杂秽所污。仍易于寻取，不致散失。"后来《弟子规》予以概括，说："置冠服，有定位。勿乱顿，致污秽。"这是讲放置衣物的礼仪。换了季的衣服应该浣洗，折叠好，整齐地放置到衣橱或衣箱里，不可胡乱放置。当季的、常穿的衣服，也应该挂到衣架上去。如果胡乱放置，就会使衣服沾染灰尘。还有一点尤需注意，即亵衣的问题。亵衣即贴身的内衣，是属于比较私密的东西，不宜曝之于众。因此，不论是晾晒，还是收藏，都要在相对隐密的地方。

思考讨论

吉服、凶服的区别有哪些？

链接

暑示学子

宋·陈 淳

冠以庄首，衣以庇躬，裳为胫饰，屦为趾容，非人之制，乃天之常。君子奉之，寒暑一同。语必表给，礼毋褰裳。先民有训，呜呼敬恭。

诗经·郑风·缁衣

缁衣之宜兮，敝，予又改为兮。适子之馆兮，还，予授子之粲兮。
缁衣之好兮，敝，予又改造兮。适子之馆兮，还，予授子之粲兮。
缁衣之席兮，敝，予又改作兮。适子之馆兮，还，予授子之粲兮。

第十七课　食仪

生活中，人们用餐方式各异，有人细嚼慢咽，有人狼吞虎咽；有人频频夹取，如金鸡点头，有人来回翻弄，如拨草寻蛇；有人浅尝辄止，有人风卷残云。这就涉及到食仪的问题。食仪，就是饮食的礼仪，包括饮食时个人的礼仪、与人共食的礼仪。

食　相

我们先来学习饮食时个人的礼仪，即食相（俗称"吃相"）。我们进食的习惯，一般都是在家庭里养成的。所以一个人的食仪，尤其能够透露出其家教、家风的信息。桐城姚文然与诸子共食。有一个儿子掷箸微有声。姚文然徐徐问道："近来，你的兄长、老师有指出过你的过失吗？"儿子回答："没有。"姚文然说："你现在如此骄矜，谁会指出你的过失呢？细小的行为不谨慎，他日必将获取大罪。现在你在尊长面前如此轻忽放肆，你心中早已忘记恭敬为何物了。人的错误，都是由不好的习惯而积渐造成的，你要好好反省改过。"（参马其昶《桐城耆旧传》卷八）掷箸有声，在现代是非常普遍的。现代的父母自己尚且如此，更如何能看到孩子行为的不足呢？家风的培植、家教的涵养除了从这些细微处着手，哪里还有别的途径呢？

我们用餐时，要遵循社会上一般的习惯，尽量用右手持筷。孩子能进食后，就应该教他使用右手。若见其使用左手，则应注意调节过来（左撇子似可例外）。想要食相文雅，下面一些行为，我们应该做到。

食相禁戒

不腻手食

进食前，应先盥手。不得以腻手触碰食物、餐具。

一心进食

进食时，我们应当一心进食，不可以边吃边做别的事情，如看书、看电视、看电脑等。否则，心不在焉，食而不知其味。

不预张口

进食时，饭食到嘴边，再张嘴。不要预先就张大嘴巴，等待饭食。那样会显得比较贪婪。

不遥掷食

进食时，不可远远将食物投掷于口中。即便是一些颗粒状的食品，也不应当如此做。

不俯首食

进食时，不可俯下头去就饭食。合礼的做法应该是，左手持碗，右手持筷或匙，以饭食就口。

不含器缘食

进食时，可以以嘴唇支住或轻触器缘，不可以口含器缘，也不得令器缘触碰到鼻尖、额头。

不嚼食作声

咀嚼食物时，尽量不要出声。因为只有猪狗等动物进食时才"吧唧"作声。

不吐舌食

进食时，不要吐露舌头。

不舐（shì）手食

手上沾了食物，要轻轻拨落于残食处，不要振手（用力甩掉）。拨落后，用餐巾擦拭干净。不可舔舐、吮吸手指。

不鼓腮食

进食时，要小口，已咽下后，才再次进食。不要口中塞满食物，致使两腮鼓起。那也是贪婪的表现。

不含食语

嘴中含有食物，不要说话。否则，被人看到，令人作呕；或者会令饭渣喷出，极为不净。如果尊长有所问，口中食物较多，应该迅速到屏处，吐出来，然后回答。如果口中食物较少，则要咽下再来回答。

不落饭食

进食时，小心谨慎，不要将饭食洒落于餐桌、地板上。

不啮（niè）半食

进食时，如吃馒头等，不得咬了一半后，又把食物放回餐盘。

不得匙、箸并持

进食时，举箸则置匙，举匙则置箸。不可同时并持，左右开弓。

掷箸不得有声

进食中，放碗筷动作要谨慎轻微，不可发出声响。

不流啜（chuò）（《礼记·曲礼上》）

啜，是"饮"的意思。喝汤时，不要吮吸作声。喝汤时，不要大口喝个不停，要小口慢慢喝。大口吞咽，咕咕作响，殊为失礼。

不嚃（tà）羹（《礼记·曲礼上》）

嚃，不咀嚼，直接吞咽。羹，汤。喝汤时，不要直接将菜叶吞咽下去，要细嚼慢咽。

濡肉齿决，干肉不齿决（《礼记·曲礼上》）

湿的肉，可以直接咬断。若是干肉，则要先用手撕开，不可直接用牙齿咬。若是大块，可以用刀切割。

不啮骨（《礼记·曲礼上》）

啮，是"啃咬"的意思。骨上的肉已经吃干净，就不要再啃咬骨头，咯咯作响。啃咬骨头是动物性的行为。

残食不弃地。

进食时，尽量光盘。若食物太多，觉得自己吃不下，应事先减与他人。若最终留下残食，应该放于残食桶里，不得弃于地面或水池里。

食仪涉及细节很多，难以穷举，我们只能稍就现实中经常出现的不合礼的行为作出规范，其他可以据此类推。

不食之戒

饮食时，还要注意节制，摄养身心。孔子"食不厌精，脍不厌细"（《论语·乡党》），记载孔子种种不食之戒，值得我们效法。

食饐（yì）而餲（ài），鱼馁而肉败，不食。色恶，不食。臭恶，不食。失饪，不食。不时，不食。割不正，不食。不得其酱，不食。肉虽多，不使胜食气。唯酒无量，不及乱。沽酒市脯不食。不撤姜食。不多食。

饐餲，是指食物的臭味发生了变化。食物的气味、颜色发生了变化，就不食用；烹调火候不到位，或夹生或焦糊，不食；过了饭食的时间，不食；或非当令果蔬，不食；牲体切割不合礼，不食；鱼脍等，必有芥酱才食用；若无相配的酱则不食用。食肉有节制，不使掩过五谷之气。饮酒无固定的量，但要保持理性清明。沽酒市脯，来路不明，不食。斋戒时，不食薰物（气味刺激性的食品），但食必有姜（姜虽辛辣，却无臭味）。不吃得太饱。

共食之礼

共食之礼，我们分与一般人共食及侍奉师长用餐两种情况来介绍。

1. 共食

与一般人共食时，我们不能只考虑自己，还要照顾到他人，所以下面一些礼仪就要遵循。

共食不饱（《礼记·曲礼上》）

共器而食时，不能只顾自己埋头吃饭，要充分考虑到别人。古人说"毋抟（tuán）饭"，即是共食不饱的表现。古人用手抟饭进食，进食时直接抟一个大饭团，是自己一心想吃饱的表现，就违背了共食不饱的原则。今天我们用碗筷进食，也要遵循这个原则。取食物时，不要一次性取太多。若与有丧之人共食，不可吃饱。那样是只顾自己，太过贪婪。

让食不唾（《礼记·曲礼上》）

若别人请我们吃某道菜，切不可于此时吐唾沫。

毋固获（《礼记·曲礼上》）

每道菜都要品尝，不要专门吃某道菜（挑食），或与人抢取某道菜。那也是贪心、没有教养的表现。

不舒臂取食

若是共餐，不伸长手臂（也不可站起来）到别人面前的菜盘里夹菜。古人实行分餐制，自然不存在这样的问题。我们今天很多场合是众人共餐，就需要注意此问题。如果有转盘，可以转动转盘。转动转盘只朝一个方向转动，不宜来回调转。

不抄食

不可以箸抄饭菜，挑取其中可意者。

毋反鱼肉（《礼记·曲礼上》）

咬过的鱼肉不可再放回菜盘，已历己口，会令人觉得恶心。

毋投与狗骨（《礼记·曲礼上》）

不要把肉骨头扔给狗。如果是客人扔骨头给狗，那样有瞧不起主人食物之嫌。如果是主人把骨头扔给狗，就有瞧不起客人之嫌。

毋絮羹（《礼记·曲礼上》）

不要往羹汤里加调料。那样有嫌主人的汤味道不好的意思。

毋嚃醢（hǎi）（《礼记·曲礼上》）

醢，是指调味用的酱。不要喝调味用的酱。那样也是嫌弃主人食物做得不好的表现。

不看比座食

旁边人进食时，不可看其盘中食。

毋刺齿（《礼记·曲礼上》）

不可当众剔牙。如果确实需要剔牙，则须稍背身，以手掩口。

2.侍食

若是侍奉师长进食，还有两方面需要注意。

长者先，幼者后

任何一道菜端上来，都要由尊长先食用后，幼者再进食。如果幼者先动筷，就是不敬。

小饭

侍食时，师长有可能问我们一些问题，为避免含食语，我们进食时要每次咬一小口。这样尊长如果发问，我们可以迅速咀嚼下咽，做出回应。若此时还细嚼慢咽，就是怠慢不敬了。

思考讨论

对照文中食仪，反思自己的吃相有哪些不合礼的地方。

链接

幼学杂箴·食

明·方孝孺

珍腴之惭，不若藜藿之甘；万钟之尸居，不若釜庾之有为。苟无待于富贵，夫孰得而贫贱之？噫！

幼学杂箴·饮

明·方孝孺

酒之为患：俾谨者荒，俾庄者狂，俾贵者贱，而存者亡。有家有国，尚慎其防。

第十八课 起居之容

有些人处众矜庄守礼，独居就放纵起来了。起居之容，即日常起居方面的礼仪。这些方面的礼仪，多记录在传统的家规、家训里面。现在，人们日益注重家风、家教的培蓄，大有重兴之势。家风、家教的培蓄必须从个人的日常起居做起，落实到生活中去，而不能流于一纸空文。

寝息早晏

清初朱柏庐《治家格言》开篇即说："黎明即起，洒扫庭除，要内外整洁；既昏便息，关锁门户，必亲自检点。"这里面有些内容已经无法完全适应现代社会，需要加以损益。黎明即起，既昏便息，这是对成人说的。而《弟子规》说："朝起早，夜眠迟。"现在很多人认为小学生应该这样做。两种说法都有不太妥当的地方。根据《礼记·内则》的规定，成人以及已成童的人（15岁以上，20岁以下），鸡初鸣就要起床，不可睡懒觉。而孺子则可以"蚤寝晏起，唯所欲"。孺子即15岁以下的小孩子。也就是说，礼并没有规定孺子要"早起晏眠"，反而要他晚上早早就寝，早上不妨晚起，以保证睡眠。这完全合乎现代社会对孩子成长发育的认知，是可取的。所以"朝起早，夜眠迟"，就不可以作为小学生的礼仪来推行。总而言之，成人、成童，可以朝起早，夜眠迟，以养成勤奋、自强不息的习惯；孺子，则要早寝晏起，以保证睡眠时间，健康成长。

盥漱洒扫

起床后，要盥手、洗漱，将衣服穿戴整齐，整理好被褥，然后前去问候父母。问候父母后，则要洒扫室堂、庭院。打扫时，先洒水，然后退着扫

（从最里面的角落开始，向后退着扫）。扫地时，动作要轻，不要扬起尘土。洒扫之后，要整理内务。《童蒙须知》对此列有详细的条目：

拂拭几案，当令洁净。文字笔砚，凡百器用，皆当严肃整齐，顿放有常处。取用既毕，复置元所。父兄长上坐起处，文字纸扎之属，或有散乱，当加意整齐，不可辄自取用。凡借人文字，皆置簿抄录主名，及时取还。窗壁、几案、文字间，不可书字。前辈云："坏笔污墨，瘝（guān）子弟职。"书几书砚，自黩其面。此为最不雅洁，切宜深戒。

家居不肆

若无疾病，又不是祭祀前要斋戒，不可以昼夜宅居室内。如果一个人昼夜居于内，不出门，若是传统社会，其亲朋好友都要来慰问。因此，终日宅居家中是不合礼的。

人们处在熟悉的环境，尤其是家中，往往会比较放松、懈怠。这是人之常情，但也不可太过安肆，如日高不起、白昼打眠、脱巾裸体、坐立偏跛之类，应该避免。孔子虽闲居，席不正不坐，正是对自身威仪的检摄。与家人相接，容色要温和愉悦，不宜太过矜庄。

闲居家中，如果遇到疾风、迅雷、暴雨等现象，则要变容，容色要更加矜重。如果是晚上，已经寝卧了，也一定要起身，穿好衣服端坐着。之所以这样做，一方面是表达敬天之意；另一方面则是要防患于未然（以防意外的灾祸，如地震或房屋坍塌等）。

沐浴有时

洁净，是与人交往的基本原则。近代以来，很多学者批评国人不讲卫生，不够文明。其实，古人极其讲究卫生，只是后人未能遵行罢了。下面，我们遵循礼制，取其适合现代生活的部分，略加阐述如下：

靧（huì）面

靧，是洗脸。面污即靧，没有固定时节。洗面时用加热后的淘米汁（相当于今天的洗面奶）。

盥手

盥，是洗手。古人一日两餐，每天至少五盥手〔"日五盥"（《礼记·玉藻》）〕。凡是手触不净之物后，即要盥手。凡洗器具之前，均要先盥手，然后再洗器具。洗手后，或用巾擦拭，或轻轻挥手，振去水分。挥手时，幅度不宜过大。如果过大，致使水溅落地面或他人身上，则为失礼。

历史上重耳挥手的故事就与此有关。重耳流亡在外多年，后辗转到了秦国。秦穆公送给重耳五位女子，其中有怀嬴（曾嫁给重耳之侄晋怀公）。重耳对此心中老大不满，但又不敢明目张胆地表示反对。一天，怀嬴"奉匜（yí）沃盥"，端来盘匜，侍奉重耳洗手。重耳"既而挥之"，洗完手后，挥手溅了怀嬴一身水。重耳此举实是要表达内心的不满。怀嬴立刻捕捉到这个信息，生气地说："秦、晋匹也，何以卑我！"意思是，秦晋是对等的国家，你重耳有什么资格鄙视我呢？重耳寄人篱下，也没有办法，只得"降服而囚"，忍辱负重，吞下这口闷气。《弟子规》说："便溺回，辄净手。"在先秦时代，这些根本不会写入礼文，因为这条礼仪规定的底线太低了。当"便溺回，辄净手"成为一种礼仪条文，就说明礼仪方面已经大大退化了。

沐发

沐，是洗发。古人三日一沐。沐发用的膏，是稻米、高粱等的淘米汁，纯是天然之物。我们今天不必拘定三日一沐，至少不要等到头发已经油腻了再去洗沐。沐发后，梳理头发，头发湿润则用木梳，木制的梳子比较涩可以除垢；头发干燥则用顺滑的象牙梳子（我们今天可以用角梳）。沐发后，要饮一杯酒（黄酒），进稍许食物，以补充体气。

浴身

浴，是洗身。古人五日一浴。洗上半身，用精细的葛布巾；洗下半身，用稍微粗疏的葛布巾。至于洗手、洗足所用的巾不同，更是理所当然的。我们今天大多只是分出洗足用的巾，与古人相比，岂不是太粗疏了吗？洗完身体，从浴盆走出来，浴盆边的地面上敷上蒯（kuǎi）草编织的席子（比较粗糙），以防止跌滑，且便于洗足。洗完足，再用热水冲释。浴室其他地方敷陈的是蒲草席（相对柔软）。洗完后，穿上布衣，晾干身体，穿上鞋子。这样才算完全洗浴完毕，如此，再饮一杯酒（黄酒）补充体气。可见，不论是浴室的布置，还是浴巾分用，古人的设计都极为周洽合理，我们理应遵行。我们今天也不必拘定五日一浴。另外，古人凡行大礼之前，都要沐浴，我们今天也一样。

洗足

洗，在古代专指洗足。古人在堂上跣（xiǎn，光着脚）足而行，足垢即洗，没有固定规定。我们现在也应当做到足垢则洗，不要令其产生异味。

出门必饰

家居时，可以稍微随便些。一旦要出门与人交往，就必须修饰一番。之所以出门必饰，一方面是出于自重自爱，另一方面则是出于对他人的尊重。孔子曾经教诲其子孔鲤说：

> 君子不可以不学，见人不可以不饰。不饰则无根，无根则失理，失理则不忠，不忠则失礼，失礼则不立。夫远而有光者，饰也，近而逾明者，学也。譬之如污池，水潦注焉，菅蒲生之。从上观之，谁知其非源也？（《说苑》卷三）

学习是为了从根本上提升我们的修养，润身、美身，变化气质。修饰，虽说只是临时性的美化，却也必不可少。没有修饰，只是质朴，往往距离粗俗就不远了。文质彬彬，然后君子。既要致力从根本上提升，也要注意外在修饰。出门必饰，是基本的礼仪要求。

寝卧有仪

寝卧时的礼仪，常为人们忽略。这里有必要单独介绍。"居恒当户"（《礼记·玉藻》），在家中闲居时，要向明，不宜处于阴暗的角落。寝卧时，头一般要朝东，东方是阳气升起的地方。寝卧时，必用枕，不可以用衣服、书本等作为枕头，不可以被覆头。寝卧，一般以右侧卧为佳。寝卧姿势应该注意：

寝不尸（《论语·乡党》）

寝卧时，不要如尸体一样平躺于床榻上。

寝毋伏（《礼记·曲礼上》）

寝卧时，不要俯身趴在床榻上。

住过集体宿舍的朋友，都会对卧谈印象深刻。三五好友，寝卧后，谈兴越来越浓，以致忘记了时间，甚至有人会披衣坐起。这确实增进了朋友间的感情，但却是不合礼的行为。因为，"寝不言"（《论语·乡党》），寝卧时，不可说话。为什么呢？一是要保证我们正常的作息。二是涵养心性的需要。寝息时，我们应该保持心境平和，不宜思绪纷乱。若要思维，也当思维光明的事，不宜思考琐屑乃至污秽之事。久之，就会夜卧安详，无梦无呓，能量日增。在今天，虽然可能无法真正做到"寝不言"，但从自己涵养心性和别人休息的角度考虑，至少要做到"寝少言"或"寝适言"，适可而止。这在儒家称为"存养夜气"。夜气存养得好，则平旦之气就会清明爽利（早上起床时，头脑清明，不会昏沉）。

思考讨论

你的日常起居规律吗？与本课的礼仪条目对比一下，思考如何改进。

链接

幼学杂箴·寝

明·方孝孺

形倦于昼，夜以息之。宁心定气，勿妄有思。偃勿如伏，仰勿如尸。安养厥德，万化之基。

第十九课　乘车之容

服牛乘马的时代已经逝去了，但是那些传统的车马之容，以及礼仪的基本原则，仍然适合当今的自行车、电动车等。下面，我们就来介绍下骑乘的礼容。

在讲乘车礼仪之前，我们先看一段百年前的历史。杜格尔德·克里斯蒂是苏格兰传教士，晚清时代曾在中国东北传教、行医三十年。在其回忆录《奉天三十年（1883–1913）》里，他这样表达对礼仪之邦的观感：

> 一位来自欧洲的绅士，即使接受过大学教育，具有高雅的风度，但在那些有教养的中国人面前，好像也是一个粗人，他不时地冒犯这个古老文明的严格礼节。而这些礼节中的主要规则就连最下层的苦力也要遵从。

杜格尔德举了一些例子来证明这个命题，其中就有骑乘方面的礼仪。杜格尔德写道：

> 一个外国人，无论去中国的任何地方，对这一点都会深有感触。如果骑马在中国内地旅行，当穿过某个平静的小村庄，碰到一伙村民的时候，他也像在国内一样马不停蹄，在马背上大声地叫道："某地怎么走？"很可能没有人理睬。这个骑马的外国人可能会边赶路边想："这些中国乡巴佬是多么没有教养啊！"

那中国人应该怎样做呢？杜格尔德接着写道：

> 如果把旅行者换成粗俗且没有接受过教育的中国乡下人，当进入那

个小村庄的时候，他会拉住马缰慢慢遛□（原文如此，疑为"马"字），这是礼节之一。当碰到那伙村民的时候，他要下马，这是礼节之二；"借光？"他说道。打扰其他人之前要表示歉意，这是礼节之三；然后，他同样询问前往某地的路，但得到了很好的回答。如果必要的话，为避免其走错路，某个村民甚至会送上一程。过后，这些乡下人自然会议论一番：外国人是多么粗野和愚蠢，连起码的礼节都不懂。

杜格尔德的记录让我们领略到了曾经的礼乐风景。这些百年前的骑乘礼仪，也完全适用于当下。

骑 车

我们骑自行车（电动车）时，除了遵守交通规则之外，还应该注意基本的行车礼仪。

驰驱有节

人口稠密的地方，人群熙攘，一味追求速度，容易造成交通事故。在古代有一条礼仪规定，"入国不驰"（《礼记·曲礼上》），国就是"城"，驱车进入城中就不可以纵马驰骋。这是出于对生命的尊重。我们今天骑车经过人群时，应该自觉地放慢速度。

行车致敬。

骑车进入居民小区，或经过人群，除了放慢速度外，还要致敬。古礼有"君子式黄发"（《礼记·曲礼上》）的规定。黄发，是指老人。式，是指手扶车前横木，俯身致敬。我们骑车经过他人身旁，也要有所致意，不可无动于衷。古礼规定，"小礼动，中礼式，大礼下"（贾谊《容经》），就是要根据对方的身份，来决定自己致敬的方式。对于一般人，我们颔首致意即可；对于相对尊敬的人，则要俯身致敬；若是特别尊敬的人，应该下车问候。《弟子规》讲，路遇师长时，要"骑下马，乘下车"。如果问路，当然也要下车。

尘不出轨

古人在城中行车，策马时，只是用小箠帚轻轻搔摩马身，缓缓行进，不令灰尘飘扬起来超过车轴。我们今天骑车，凡是经过积水、积土（或泥路）

路段，应该自觉放慢速度，不要溅起很大的水花或者致使尘土飞扬。

安全行驶

骑车时，不可接打电话，不可看短信、微信。

礼让行人

任何器物与人相比，都要遵循以人为大的原则。因此，行车时要注意主动礼让行人。

不干扰他人

行车过程中要注意不干扰他人，不轻易响铃，经过居民小区、学校附近时尤当如此。

乘 车

下面我们介绍乘车礼仪。我们可以根据所乘坐的私家车、公共汽车（或地铁）来分别叙述其礼容。

乘坐私家车时的礼容有下面几点要讲求：

为尊者开车门

乘车时，不要急于钻进车内，要主动为师长打开车门。开车门时，以右手打开车门，左手挡在车门上框处，以防尊者头部触碰到车框。若为女子开门，以右手打开车门，左手则要背于身后。这是远嫌的表示，要特别注意。下车时，也应该主动为尊者开车门。

虚尊就卑

私家车座位的尊卑，一般来说，司机正后方的座位为最尊，右后方的座位次之，副驾驶位更次之。还有一种说法是，司机右后方的座位最尊，正后方的座位次之，副驾驶位更次之。以上两种说法，各有其内涵可讲。因此，我们坐车时，要根据同行人的身份来就坐，不可径直坐到尊位上去。即便是一个人坐车，将尊位空出来，坐到卑位上去，也是懂礼的表现。

入里致敬

里，是指居民小区。坐车的人，对小区里的人，也要俯身致敬，不可无动于衷。如果问路，则要下车。如果问路时，安坐车内，只是摇下车窗，就显得傲慢了。

车中不内顾

坐在前排的人，不要向后看，也不要通过后视镜看后排人的举动。即便向后看，视线不要超过座椅。这是对后排人隐私的尊重。

车内不叫

坐车时，不可在车内大呼小叫。否则，会显得骄矜。

车内不指

坐车时，不要对车外的事物指指点点。这样会给外面的人带来疑惑。

乘坐公共汽车（或地铁）时的礼容与乘坐私家车稍微不同。因为私家车是私人空间，公共汽车则属于公共场所。乘坐公共交通工具，以下几个方面要做到。

尊老爱幼

主动给老人、幼童、孕妇让坐。

不喧哗

在公共汽车内，不大声喧哗或说话，因为那样会干扰他人。

不接打手机

如果是必接的电话，则要走到人相对少的地方，以手掩口，放低声音，告诉对方自己不方便接听，然后挂断。

不唾

保持公共空间的清洁，不唾，不丢垃圾。

思考讨论

乘车时，路遇师长，我们应该怎样做？

链接

越谣歌

沈德潜《古诗源》卷一

君乘车，我戴笠，他日相逢下车揖。君担簦，我跨马，他日相逢为君下。

跋：再现礼乐风景

多年前，我曾读过《海丰农民运动》(彭湃，1926)，至今难以忘怀。令我难以忘怀的不仅是革命者筚路蓝缕草创事业的艰辛，还有那曾经的礼乐风景。文章里，彭湃如实记录述了他第一次开始农民运动的情形。在他，那是一次完全失败的经历，却在无意间为我们留下了90年前一位生活在中国西南角落里最底层的农民的剪影。

> 五月某日我即开始农民运动的进行，最初到赤山约的一个乡村。我去的时候，是穿着白的学生洋服及白通帽，村中一个三十多岁的农民，看我来了，一面在村前弄粪土，一面向我说："先生坐，请茶呀！你来收捐吗？我们这里没有做戏。"我答道："我不是来收戏捐的，我是来和你们做朋友，因为你们辛苦，所以到这里来闲谈。"农民答道："呀！苦是命啊！先生呀请茶，我们不得空和你闲谈，恕罪！"

生活对这位农民来说无疑是艰难的，但他并不因此而有些许的愤激与乖戾，谈吐间是那样从容有礼，安分乐业。就如杜格尔德记忆中东北的庄稼汉，同样生活在中国的角落里，祖祖辈辈都在泥土里滚爬，没有读过书，也不识字，那文明的教养究竟从哪里来的呢？胡兰成先生说：“礼仪是把万民的品格都提高，使寻常光阴皆是新颖的，像禾苗上的风。”（《中国的礼乐风景·个人的志气与那时代民族的志气》）原来，他们是一直沐浴着先祖的礼乐教化啊。

重建礼乐文化，就是重建中国文明的基本生活样式。对于一个广土众民的大国来说，其基本的生活样式，可以更新，但不可以被替代；可以休歇百年，但不可以一蹶不起。否则，广土将龟裂，众民将化作鸟兽散。“重新学习周礼，以正中国，亦为世界开风景。”（胡兰成语）

本书的编写肇始于十年前，中间数易其稿。若没有家父、家母的礼仪启蒙，本人后来恐怕没有机缘深入容礼，编成此书。本书主要内容最早于2012年曾为“揆一讲经会”诸君讲习一过，与会诸君启我良多。本书初稿曾蒙尊鲁兄邀请，发布于腾讯网儒学频道。中华书局祝安顺兄、任洁华女史为本书的编辑、出版付出了大量的辛劳。谨志于此，以申谢忱。

本人治礼日浅，加以近年学殖荒落，书中不当之处，势所难免，尚祈海内方家教正。